L'

Nella stessa collana:

N. Hill, *Pensa e arricchisci te stesso*
N. Hill, W. Clement Stone, *Il successo attraverso l'atteggiamento mentale positivo*
S.L. Lechter, G.S. Reid, *A tre passi dall'oro*
R.T. Kiyosaki, S.L. Lechter, *Padre ricco, padre povero*
R.T. Kiyosaki, S.L. Lechter, *I Quadranti del Cashflow. Guida per la libertà finanziaria*
R.T. Kiyosaki, *Cashflow (gioco da tavolo)*
Og Mandino, *Successo senza limiti*
Og Mandino, *Università del successo* (2 voll.)
R.H. Conwell, *Terre di diamanti*
P.B. Kyne, *L'irriducibile (The Go-Getter)*
D.J. Schwartz, *La magia di pensare al successo*
T. Harv Eker, *I segreti della Mente Milionaria*
M.V. Hansen, R.G. Allen, *L'One minute millionaire*
M.V. Hansen, R.G. Allen, *Cash in a flash*
T.J. Stanley, *La mente milionaria*
D. Bach, *L'Automatic millionaire*
M. Fisher, M. Allen, *Come pensare da milionario*
J. Rohn, *7 strategie per la ricchezza e la felicità*
J. Allen, *Il vero segreto del successo*
C. Bristol, *La magia di crederci*
D.M. Green, *Tutto quello che so sul successo l'ho imparato da Napoleon Hill*

Seguici su:

Gribaudi Business & Self help
@GriBusiness
www.gribaudi.it

Piero Gribaudi Editore srl
Via C. Baroni, 190
20142 Milano
Tel. 02-89302244 – Fax 02-89302376
e-mail: info@gribaudi.it

George S. Clason

L'UOMO PIÙ RICCO DI BABILONIA

Gribaudi

Via C. Baroni, 190 – 20142 Milano

Titolo originale dell'opera:
The richest man in Babylon

Published by arrangement with
Dutton Plume, a division of Penguin Putnam Inc.

Traduzione di Diana Zerilli

ISBN 978-88-7152-552-5

Dodicesima ristampa: gennaio 2019

Copertina di Ideaesse
Fotocomposizione: Linotipia Jo.type - Pero (Mi)
Stampa: Grafiche VD – Città di Castello (Pg)

PREMESSA

La nostra prosperità come nazione dipende dalla prosperità personale di ognuno di noi come individuo.

Questo libro tratta del successo personale di ciascuno di noi. Successo significa realizzare delle imprese in base ai nostri sforzi e alle nostre capacità. Una preparazione adeguata è la chiave del successo. Le nostre azioni non possono saperne di più dei nostri pensieri. Il nostro pensiero non può saperne di più della nostra conoscenza.

Nelle pagine che seguono verremo trasportati nell'antica Babilonia, la culla in cui crebbero i princìpi fondamentali dell'economia oggi riconosciuti e usati in tutto il mondo.

Ai lettori nuovi, l'autore è felice di estendere l'augurio che le sue pagine possano aiutare a realizzare lo stesso successo che hanno così entusiasticamente riscontrato i lettori americani da costa a costa.

Ai dirigenti d'azienda che hanno distribuito generosamente queste storie ad amici, parenti, impiegati e soci, l'autore coglie l'opportunità per esprimere la sua gratitudine. Nessuna approvazione potrebbe essere maggiore di quella che viene da uomini che apprezzano i suoi insegnamenti, perché essi stessi hanno raggiunto importanti successi applicando i princìpi da lui sostenuti.

Babilonia divenne la più ricca città dell'antichità, perché i suoi abitanti erano i più benestanti. Essi apprezzavano il valore del denaro. Mettevano in pratica saldi princìpi nell'acquisire denaro, mantenere denaro e nel fare in modo che il proprio denaro guadagnasse altro denaro. Procurarono a se stessi tutto ciò che noi tutti desideriamo... introiti per il futuro.

G.S.C.

L'UOMO CHE DESIDERAVA L'ORO

BANSIR, il costruttore di carri di Babilonia, era molto abbattuto. Seduto sul basso muretto che circondava la sua proprietà, guardava tristemente la sua semplice casa ed il laboratorio all'aperto in cui si trovava un carro quasi completato.

Sua moglie di tanto in tanto appariva sulla soglia: gli sguardi furtivi che lei gli rivolgeva gli ricordavano che il sacco della farina era quasi vuoto e lui avrebbe dovuto mettersi al lavoro per terminare il carro, martellare e tagliare, lucidare e dipingere, tendere bene la pelle sui cerchioni delle ruote, in modo da poterlo consegnare e riscuoterne il pagamento dal suo ricco cliente.

Tuttavia il suo corpo grasso e muscoloso rimaneva stolidamente seduto sul muretto. La sua mente lenta stava lottando pazientemente con un problema che non riusciva a risolvere. Il caldo sole tropicale, così tipico di questa valle dell'Eufrate, picchiava senza pietà su di lui. Gocce di sudore imperlavano la sua fronte e scendevano fino a perdersi nella giungla dei peli sul suo petto.

Oltre la sua casa torreggiavano le alte mura a terrazze che circondavano il palazzo del re. Vicino, la colorata torre del Tempio di Bel fendeva il cielo. La sua umile casa e tante altre, molto meno linde e curate, si trovavano all'ombra di tale splendore. Babilonia era così: un misto di grandezza e squallore, di abbagliante ricchezza ed estrema povertà, ammassate insieme senza uno schema dentro le mura della città.

Alle sue spalle, se avesse voluto voltarsi a guardare, i carri rumorosi dei ricchi si affollavano e si ammassavano accanto ai commercianti che calzavano sandali così come ai mendicanti scalzi. Persino i ricchi erano costretti ad entrare nei fossi al margine della via per far strada alle lunghe file degli schiavi portatori di acqua, in «missione per il re», ognuno con un pesante otre di pelle di capra da versare nei giardini pensili.

Bansir era troppo immerso nei suoi pensieri per udire o prestare attenzione alla baraonda caotica della città indaffarata. Fu l'inaspettato pizzicare delle corde di una lira a risvegliarlo dal suo sogno ad occhi aperti. Si voltò e vide il viso gentile e sorridente del suo migliore amico: Kobbi, il musicista.

«Che gli dei ti benedicano con grande generosità, mio buon amico», esordì Kobbi con un saluto elaborato. «Tuttavia, pare che siano già stati così generosi con te che non hai più bisogno di lavorare. Mi felicito per la tua buona fortuna. Anzi, la vorrei spartire con te. Ti prego, dal tuo ricco borsellino – dico ricco perché altrimenti saresti al lavoro nella tua bottega –, estrai due umili sicli e prestameli fino al termine della festa dei nobili signori di questa sera. Non avrai tempo di sentirne la mancanza, che ti saranno già stati restituiti».

«Se possedessi due sicli», rispose abbattuto Bansir, «non li presterei a nessuno – neppure a te, il migliore tra gli amici – poiché sarebbero la mia fortuna, la mia intera fortuna. Nessuno presta la sua intera fortuna, neppure al suo migliore amico».

«Come?», esclamò Kobbi, sinceramente sorpreso, «Non possiedi neppure un siclo e te ne stai seduto come una statua su di un muretto? Perché non completi quel carro? In quale altra maniera potrai provvedere al tuo nobile appetito? Non è da te, amico mio. Dove è la tua infinita energia? C'è qualcosa che ti affligge? Gli dei ti hanno procurato dei guai?».

«Deve proprio essere un tormento che viene dagli dei», fu d'accordo Bansir. «È cominciato tutto con un sogno, un sogno senza senso, in cui pensavo di essere un uomo benestante. Dalla mia cinta pendeva un elegante borsellino, colmo di monete. Possedevo sicli che gettavo con noncurante libertà ai mendicanti; avevo pezzi d'argento con i quali acquistavo raffinatezze a mia moglie e tutto ciò che desideravo per me stesso; avevo pezzi d'oro che mi facevano sentire al sicuro per il futuro e senza paura nello spendere l'argento. Ero pervaso da una meravigliosa sensazione di benessere! Non avresti riconosciuto in me il tuo operoso amico. Né avresti riconosciuto mia moglie, tanto il suo viso era libero dalle rughe e raggiante di felicità. Era di nuovo la sorridente fanciulla dei primi giorni del nostro matrimonio».

«Proprio un bel sogno», commentò Kobbi,

«ma perché quelle sensazioni così piacevoli ti hanno trasformato in una triste statua sul muretto?».

«Perché quando mi sono risvegliato ed ho ricordato quanto era vuota la mia borsa, si è impadronito di me un sentimento di ribellione. Parliamone insieme, visto che, come dicono i marinai, siamo sulla stessa barca. Da ragazzini siamo andati insieme dai sacerdoti ad imparare la saggezza. Da giovani abbiamo condiviso i piaceri dell'altro. Da adulti siamo sempre stati amici intimi. Ci siamo sempre accontentati della nostra situazione. Eravamo contenti di lavorare a lungo e spendere liberamente i nostri guadagni. Abbiamo guadagnato tante monete negli anni passati, eppure, per conoscere le gioie che derivano dalla ricchezza, dobbiamo sognarle. Mah! Siamo forse più stolti delle pecore? Viviamo nella città più ricca di tutto il mondo: i viaggiatori dicono che non ha rivali. Intorno a noi c'è una grande ostentazione di abbondanza, ma noi non ne possediamo per nulla. Dopo metà vita di duro lavoro, tu, migliore degli amici, hai una borsa vuota e mi dici: "Puoi prestarmi solo due sicli, fino a dopo la cena dei nobiluomini di questa sera?". Cosa rispondo io allora? Dico forse: "Eccoti la mia borsa, dividerò volentieri con te il suo contenuto?". No, ammetto che la mia borsa è vuota come la tua. Cosa succede? Perché non riusciamo ad ottenere oro ed argento in quantità che non sia appena sufficiente per cibo e vestiti?

«Considera anche i nostri figli», continuò Bansir, «non stanno forse seguendo le orme dei propri padri? Anch'essi, come le loro famiglie, i loro figli e le famiglie dei loro figli dovranno vivere tutta la vita in mezzo a questi tesori d'oro e, tuttavia, come noi, accontentarsi di banchettare con latte acido di capra e zuppa di avena?».

«Mai, prima d'ora, in tutti gli anni della nostra amicizia, hai parlato in questo modo, Bansir». Kobbi era perplesso.

«Mai, in tutti quegli anni, ho pensato in questo modo prima d'ora. Dall'alba finché il buio mi fermava, ho lavorato per costruire i carri migliori che un uomo potesse costruire, pensando ingenuamente che un giorno gli dei avrebbero riconosciuto le mie degne imprese e mi avrebbero conferito grande prosperità. Questo non l'hanno mai fatto. E, finalmente, mi rendo conto che non lo faranno mai. Perciò il mio cuore è triste. Io desidero essere ricco, un giorno. Desidero possedere terre e bestiame, avere bei vestiti e tante monete nella mia borsa. Sono disposto a lavorare per queste cose con tutta la forza della mia schiena, con tutta l'abilità delle mie mani, con tutta l'astuzia della mia mente, ma desidero che le mie fatiche siano equamente ricompensate. Cosa c'è che non va in noi? Te lo chiedo ancora! Perché non possiamo avere la nostra parte di quelle buone cose, così abbondanti per coloro che posseggono l'oro con il quale comprarle?».

«Oh, come lo vorrei sapere!», rispose Kobbi. «Io non sono più soddisfatto di te. I guadagni che ricavo dal mio strumento se ne vanno rapidamente. Spesso devo trovare un modo affinché la mia famiglia non soffra la fame. Inoltre, nel mio cuore alberga un profondo desiderio di una lira che sia grande abbastanza da poter cantare davvero le melodie che affluiscono nella mia mente. Con un tale strumento potrei comporre una musica così bella che neppure il re ne ha mai sentito prima una simile».

«Dovresti possedere una siffatta lira. Nessuno in tutta Babilonia potrebbe farla cantare così dolcemente; non solo il re, ma gli stessi dei ne sarebbero deliziati. Ma come puoi assicurartela, quando entrambi siamo poveri come gli schiavi del re? Senti la campana! Ecco che arrivano». Indicò la lunga colonna di portatori d'acqua, sudati e mezzi nudi, che avanzavano faticosamente sulla strada stretta, di ritorno dal fiume. Marciavano cinque a cinque, ognuno piegato sotto il pesante otre di pelle di capra colmo d'acqua.

«Una bella figura d'uomo, colui che li conduce». Kobbi indicò il portatore della campana che marciava davanti, senza carico. «Un uomo importante, è facile da capire».

«Ci sono molti di bell'aspetto nella fila», assentì Bansir, «Uomini validi come noi. Alti, biondi uomini dal nord, allegri uomini neri dal sud, piccoli uomini scuri dai paesi vicini. Marciano tutti insieme dal fiume ai giardini, avanti e indietro, giorno dopo giorno, anno dopo anno. Non si aspettano nessuna felicità. Letti di paglia sui quali dormire, zuppa di grano duro da mangiare. Abbi compassione di quei poveretti, Kobbi!».

«Li compatisco davvero. Tuttavia, tu mi stai mostrando quanto poco meglio siamo messi noi, che ci chiamiamo uomini liberi».

«Questa è la realtà, Kobbi, per quanto ne sia

odioso il pensiero. Non desideriamo vivere come schiavi, anno dopo anno. Lavorare, lavorare, lavorare, per non arrivare da nessuna parte!».

«Non possiamo scoprire come gli altri riescono a guadagnare l'oro e fare così anche noi?», domandò Kobbi.

«Forse c'è qualche segreto che potremmo imparare, se solo cercassimo tra coloro che lo conoscono», rispose pensieroso Bansir.

«Questo stesso giorno», suggerì Kobbi, «ho incrociato il nostro vecchio amico, Arkad, sul suo carro dorato. Ti dico questo: non ha guardato oltre il mio umile capo, come molti nella sua posizione potrebbero considerare loro diritto. Invece, egli ha salutato con un gesto della mano in modo che tutti i presenti potessero vederlo rendere i suoi omaggi e donare il suo sorriso amichevole a Kobbi, il musicista».

«Si dice che sia l'uomo più ricco di tutta Babilonia», rifletté Bansir.

«Così ricco, che sembra che il re cerchi il suo prezioso aiuto negli affari del tesoro», rispose Kobbi.

«Così ricco», interruppe Bansir, «che temo che incontrandolo nelle tenebre della notte, metterei le mani sul suo oro».

«Sciocchezze», lo riprese Kobbi, «i beni di un uomo non si trovano nella borsa che porta con sé. Una borsa piena si svuota velocemente se non c'è una vena d'oro che la riempia. Arkad ha un reddito che tiene sempre piena la sua borsa, indipendentemente da quanto lui spenda».

«Un reddito, ecco la soluzione!», esclamò Bansir. «Desidero un reddito che continui a fluire nelle mie tasche sia che sieda sul muretto, sia che viaggi per terre lontane. Arkad deve sapere come può fare un uomo per procurarsi un reddito. Supponi che sia una cosa che egli potrebbe spiegare ad una mente lenta come la mia?».

«Mi pare che abbia insegnato il suo sapere a suo figlio, Nomasir», rispose Kobbi. «Non era forse lui che, dopo essere andato a Ninive, come si racconta alla locanda, è diventato, senza l'aiuto del padre, uno degli uomini più ricchi di quella città?».

«Kobbi, hai provocato in me un prezioso pensiero». Una nuova luce brillava negli occhi di Bansir. «Non costa nulla chiedere un saggio consiglio ad un buon amico, ed Arkad lo è sempre stato. Non importa se le nostre tasche sono vuote come il nido del falco dell'anno scorso. Non lasciamoci trattenere da questo. Siamo stanchi di essere senza oro in mezzo all'abbondanza. Desideriamo diventare uomini facoltosi. Vieni, andiamo da Arkad e domandiamogli come, anche noi, possiamo ottenere un guadagno per noi stessi».

«Tu parli con vera ispirazione, Bansir. Apri la mia mente ad una nuova comprensione, mi fai capire la ragione per cui non abbiamo mai trovato la ricchezza: non l'abbiamo mai cercata. Tu hai fabbricato pazientemente i carri più sicuri di Babilonia. A questo scopo sono state indirizzate le tue fatiche più grandi, e in questo sei riuscito. Io ho faticato per divenire un abile suonatore di lira, ed in ciò sono riuscito.

«Noi riusciamo nelle cose a cui dedichiamo i

nostri sforzi maggiori. Gli dei erano soddisfatti di lasciarci continuare così. Ora, finalmente, vediamo una luce che brilla come quella che proviene dal sole nascente. Ci spinge ad imparare di più, in modo da prosperare di più. Con una nuova conoscenza, noi troveremo dei modi rispettabili con cui soddisfare i nostri desideri».

«Andiamo da Arkad oggi stesso», esortò Bansir. «Anzi, domandiamo pure agli amici della nostra gioventù che non hanno ottenuto niente di meglio, di unirsi a noi, affinché anch'essi possano condividere la sua saggezza».

«Sei sempre stato premuroso con i tuoi amici, Bansir; per questo ne hai molti. Sarà come hai detto. Andiamo oggi stesso e portiamoli con noi».

L'UOMO PIÙ RICCO DI BABILONIA

NELL'ANTICA Babilonia viveva un uomo molto ricco di nome Arkad. La sua grande ricchezza era nota in lungo e in largo. Era anche conosciuto per la sua munificenza: era caritatevole con i bisognosi, generoso con la famiglia, munifico nelle spese. Ciononostante, ogni anno la sua fortuna cresceva più velocemente di quanto lui ci impiegasse a spenderla.

Alcuni amici dei tempi passati vennero da lui e gli dissero: «Tu, Arkad, sei più fortunato di noi. Sei divenuto l'uomo più ricco di tutta Babilonia, mentre noi fatichiamo a sopravvivere. Tu puoi indossare gli indumenti più raffinati e godere dei cibi più rari, mentre noi dobbiamo accontentarci di vestire le nostre famiglie con un abbigliamento presentabile e di nutrirle meglio che possiamo.

«Eppure, una volta eravamo uguali. Studiavamo con lo stesso maestro, giocavamo con gli stessi giochi, ma né negli studi né nel gioco ci hai mai superato. E, negli anni successivi, non sei stato un cittadino più rispettabile di noi.

«Né hai lavorato più duramente o più tenacemente, per quello che possiamo giudicare noi. Perché, allora, un fato volubile avrebbe scelto te per godere tutte le cose buone della vita e ignorato noi che siamo altrettanto meritevoli?».

A queste parole Arkad protestò: «Se nella vita non avete ottenuto altro che una misera esistenza, è perché non avete appreso le leggi che governano lo sviluppo della ricchezza, oppure perché non le osservate.

« Il "Fato volubile" è un dio dissoluto che non porta a nessuno alcun bene permanente. Al contrario, egli porta alla rovina quasi ogni uomo su cui fa piovere l'oro immeritato. Crea spendaccioni che presto dissipano tutto ciò che ricevono, lasciandoli tormentati da enormi appetiti e desideri che non hanno la capacità di gratificare. Altri suoi favoriti diventano avari e accumulano la loro fortuna, preoccupati di spendere ciò che hanno e sapendo di non avere la capacità di recuperarlo. Inoltre, sono ossessionati dalla paura dei ladri e condannano se stessi ad una vita di vuoto e di miseria segreta.

«Probabilmente ci sono altri che riescono a incrementare l'oro che non si sono guadagnati e a continuare ad essere cittadini felici e soddisfatti, ma sono così pochi, che li conosco solo per sentito dire. Pensate agli uomini che hanno ereditato una improvvisa fortuna, e vedrete se le cose non stanno così».

I suoi amici ammisero che quelle parole corrispondevano a verità per quelli che sapevano avere ereditato la ricchezza, e lo esortarono a spiegare come era entrato in possesso di tante proprietà. Dunque egli proseguì:

«Da giovane mi guardai intorno e vidi tutte le buone cose che possono portare felicità e soddisfazione. Così mi resi conto che la ricchezza incrementava la loro potenza. Con la ricchezza sono possibili molte cose: si può ornare la casa con gli arredamenti più lussuosi, navigare per mari lontani, banchettare con le delicatezze di terre distanti, persino costruire imponenti templi agli dei. Si possono fare tutte queste cose e molte altre con cui deliziare i sensi e gratificare lo spirito.

«Quando realizzai tutto questo, dichiarai a me stesso che avrei reclamato la mia parte di cose buone della vita. Non me ne sarei stato in disparte, guardando con invidia gli altri divertirsi. Non mi sarei accontentato di un misero destino. Al contrario, sarei diventato un commensale al banchetto delle cose buone.

«Essendo, come voi sapete, figlio di un umile mercante, provenendo da una famiglia numerosa con nessuna speranza di eredità, e, non possedendo, come voi stessi avete riconosciuto, doti particolari, decisi che, per ottenere ciò che desideravo, sarebbero stati necessari tempo e studio.

«Per ciò che riguarda il tempo, ne posseggono tutti in abbondanza. Ognuno di voi si è lasciato sfuggire il tempo che gli serviva per diventare ricco. E ora, come ammettete voi stessi, non avete nulla da esibire, al di fuori delle vostre belle famiglie, delle quali potete giustamente andar fieri.

«Per ciò che riguarda lo studio, il nostro saggio maestro non ci ha forse insegnato che ci sono due tipi di apprendimento? Il primo consiste infatti nelle cose che abbiamo appreso e conosciuto, il secondo nell'addestramento che ci ha insegnato come scoprire ciò che non conoscevamo.

«Quindi decisi di scoprire come si possono accumulare ricchezze, dopodiché quello sarebbe stato il mio obiettivo.

«Trovai lavoro come scriba all'archivio. Lavoravo per lunghe ore ogni giorno sulle tavole di argilla: settimana dopo settimana, mese dopo mese, lavoravo sempre, eppure in tasca non mi restava mai nulla. Cibo, vestiti e offerte agli dei assorbivano tutti i miei risparmi. Ma la mia risolutezza non mi abbandonò.

«Un giorno Algamish, il prestasoldi, venne alla casa del signore della città, ordinò una copia della Nona Legge e mi disse: "Devo averla entro due giorni. Se il compito sarà svolto in tempo, ti darò due soldi di rame".

«Lavorai duramente, ma la legge era lunga, e quando Algamish tornò, il compito non era concluso. Algamish andò su tutte le furie. Se fossi stato un suo schiavo, mi avrebbe battuto, ma io, sapendo che il signore della città non gli avrebbe permesso di farmi del male, non ebbi paura, e gli dissi: "Algamish, siete un uomo molto ricco. Ditemi come posso anch'io diventare ricco e inciderò l'argilla tutta la notte, e, quando sarà sorto il sole, il lavoro sarà terminato".

«Mi sorrise e rispose: "Sei uno sfacciato furfante, ma è affare fatto".

«Incisi tutta la notte, con la schiena che mi doleva e l'odore dello stoppino che mi penetrava la testa al punto che gli occhi non riuscivano quasi più a vedere. Ma, quando egli tornò all'alba, le tavole erano complete.

«"E adesso", dissi, "ditemi quello che mi avevate promesso".

«"Hai adempiuto alla tua parte del patto, figliolo", mi disse gentilmente, "ed io sono pronto ad adempiere alla mia. Ti dirò le cose che desideri conoscere, perché sto invecchiando, e una vecchia lingua ama chiacchierare. Quando la gioventù viene dalla vecchiaia per avere consigli, riceve la saggezza degli anni. Troppo spesso la gioventù pensa che la vecchiaia conosca solo la saggezza dei giorni passati, e perciò non ne approfitta. Ma, ricordati questo, il sole che brilla oggi è il sole che brillava quando nacque tuo padre, e brillerà ancora quando il tuo ultimo nipote trapasserà nelle tenebre.

«"I pensieri della gioventù", continuò, "sono luci sfavillanti che bruciano come le meteore che rischiarano il cielo, ma la saggezza della vecchiaia è come le stelle fisse che brillano sempre allo stesso modo, tanto che il marinaio può contare su di esse per trovare la sua rotta.

«"Ascolta bene le mie parole, perché altrimenti non riuscirai ad afferrare la verità che ti rivelerò e penserai che la tua notte di lavoro sarà stata vana".

«Poi, guardandomi astutamente da sotto le sue sopracciglia arruffate, disse con tono basso e possente: "Io trovai la strada per la ricchezza quando decisi che *una parte di tutto quello che guadagnavo era mia e che l'avrei conservata.* E così farai tu".

«Poi continuò a fissarmi con uno sguardo penetrante, ma non aggiunse altro.

«"È tutto?", domandai.

«"È bastato a trasformare il cuore di un pastore di pecore nel cuore di un prestasoldi", rispose.

«"Ma *tutto* quello che guadagno è mio da tenere, non è vero?" domandai.

«"Al contrario", rispose. "Non paghi forse il sarto? Non paghi il calzolaio? Non paghi per il cibo che mangi? Puoi vivere a Babilonia senza spendere? Cosa ti resta dei tuoi guadagni del mese passato? Cosa dell'anno passato? Sciocco, paghi tutti tranne te stesso! Tu fatichi per gli altri. Se avessi tenuto da parte un decimo di tutto ciò che guadagni, quanto avresti ottenuto in dieci anni?".

«La mia conoscenza dei numeri non mi tradì e risposi: "Quanto guadagno in un anno".

«"Tu dici una mezza verità", replicò. "Ogni pezzo d'oro che risparmi è uno schiavo che lavora per te. Da esso prende vita ogni piccola moneta di rame, che a sua volta ti farà guadagnare. Se vuoi diventare ricco, i tuoi risparmi devono rendere e queste rendite devono rendere a loro volta per darti l'abbondanza che tu brami.

«"Tu penserai di avere sprecato la tua lunga notte di lavoro", proseguì, "invece ti sto pagando mille volte di più se avrai l'intelligenza di comprendere la verità che offro.

«"Una parte di ciò che guadagni è tua e la devi conservare. Può essere molto di più di quello che ti puoi permettere. Paga te stesso per primo. Non acquistare dal sarto e dal calzolaio più di quanto tu possa pagare con ciò che ti resta, e avere così quel che basta per il cibo, la carità e le offerte agli dei.

«"Come un albero, la ricchezza cresce da un seme minuscolo. La prima moneta di rame che risparmierai sarà il seme dal quale crescerà il tuo albero della ricchezza. Prima pianterai il tuo seme, prima crescerà l'albero. E più fedelmente nutrirai e innaffierai quell'albero con risparmi consistenti, prima potrai godere, soddisfatto, della sua ombra".

«Così dicendo, prese le sue tavole e se ne andò.

«Riflettei molto su quello che mi aveva detto, e mi sembrò ragionevole. Così decisi di provare. Ogni volta che venivo pagato, prendevo una moneta di rame ogni dieci e la mettevo da parte. E, per quanto strano possa sembrare, non mi ritrovai più a corto di fondi come prima. Spesso ero tentato, mentre il mio risparmio cominciava a crescere, di spenderlo per alcune delle buone cose offerte dai mercanti, portate dai cammelli e dalle navi dalle terre dei fenici; ma saggiamente mi trattenevo.

«Il dodicesimo mese dopo l'incontro con Algamish, egli ritornò e mi disse: "Figliolo, hai pagato te stesso con la decima parte almeno di quello che hai guadagnato nel corso di quest'anno?".

«Risposi orgogliosamente: "Sì, signore, l'ho fatto".

«"Questo è bene", rispose soddisfatto, "e cosa ne hai fatto?".

«"L'ho data ad Azmur, il fabbricante di mattoni, che mi ha detto che si recava in viaggio oltre i mari lontani e che a Tiro avrebbe acquistato per mio conto i rari gioielli dei fenici. Al suo ritorno li rivenderemo a prezzo elevato dividendone i guadagni".

«"Ogni sciocco deve imparare", ringhiò, "perché fidarsi della conoscenza dei gioielli di un fabbricante di mattoni? Andresti forse dal panettiere per chiedere delle stelle? No, per la mia tunica, se tu avessi la capacità di pensare andresti dall'astrologo. I tuoi risparmi sono andati perduti, ragazzo, hai tagliato alla radice il tuo albero della ricchezza. Comunque puoi piantarne un altro: provaci ancora. E, la prossima volta, se vuoi un consiglio sui gioielli, vai dal mercante di gioielli. Se vuoi conoscere la verità sulle pecore, vai dal pastore. I consigli sono quelle cose che si danno gratuitamente, ma preoccupati di seguire solamente quelli buoni. Colui che accetta consigli sui suoi risparmi da chi non è esperto di questa materia, pagherà con i suoi stessi risparmi la dimostrazione della falsità delle opinioni del cattivo consigliere". Detto questo, se ne andò.

«E fu come egli aveva previsto, poiché i fenici sono furfanti e vendettero ad Azmur dei pezzi di vetro senza valore che avevano l'aspetto di gemme. Ma, come mi aveva esortato Algamish, risparmiai ancora una moneta di rame su dieci che guadagnavo, e, essendo ormai diventata un'abitudine, non mi era più difficile mantenerla.

«Dodici mesi più tardi, Algamish tornò nella stanza degli scrivani e si rivolse a me: "Che progressi hai compiuto dall'ultima volta che ti ho visto?".

«"Mi sono pagato regolarmente", risposi, "ho affidato i miei risparmi ad Agger, il fabbricante di scudi, per acquistare del bronzo, e ogni quattro mesi egli mi paga una rendita".

«“Questo è bene. E cosa fai della rendita?”.

«“Preparo un grande banchetto con miele, buon vino e torta di spezie. Inoltre, mi sono acquistato una tunica scarlatta, e un giorno mi comprerò un giovane asino da cavalcare”.

«A queste parole Algamish rise: “Ti stai mangiando i tuoi stessi risparmi! Come puoi aspettarti che lavorino per te? E come possono essi darti a loro volta nuove rendite? Vedi di procurarti per prima cosa un esercito di schiavi d'oro, solo allora potrai godere di ricchi banchetti senza rimpianti”. Così dicendo, di nuovo se ne andò.

«Non lo rividi più per due anni. Quando tornò, aveva il viso e gli occhi segnati da solchi profondi, perché la vecchiaia stava ormai avanzando. Mi disse: “Arkad, hai finalmente acquisito la ricchezza che sognavi?”.

«Risposi: “Non possiedo ancora tutto ciò che desidero, ma in parte ne ho, e con quello riesco a trarre nuovi guadagni che a loro volta me ne procurano di altri”.

«“E accetti ancora consigli dai fabbricanti di mattoni?”.

«“Su come fabbricare mattoni danno ottimi consigli”, ribattei.

«“Arkad”, proseguì, “hai imparato bene la lezione. Prima hai imparato a vivere con meno di quanto riuscivi a guadagnare, poi hai imparato a chiedere consigli a chi, per esperienza, aveva la competenza per darteli, e infine hai imparato a far sì che l'oro lavori per te.

«“Hai insegnato a te stesso come ottenere denaro, come conservarlo e usarlo. Quindi, hai acquisito la competenza necessaria per assumere una posizione di responsabilità. Io sto diventando vecchio. I miei figli pensano solo a spendere e mai a guadagnare. Le mie proprietà sono grandi ed io temo di non essere più in grado di seguirle. Se andrai a Nippur a occuparti per me delle mie terre, farò di te il mio socio e condividerai le mie proprietà".

«Così mi recai a Nippur, dove mi occupai delle sue vaste tenute. Grazie alla mia ambizione e alla padronanza che avevo delle tre leggi con cui gestire con successo la ricchezza, riuscii ad aumentare enormemente il valore delle sue proprietà. Prosperai molto e, quando lo spirito di Algamish partì per il mondo delle tenebre, ereditai una parte delle sue terre come egli aveva predisposto per legge».

Così parlò Arkad e, quando ebbe terminato il suo racconto, uno dei suoi amici disse: «Sei stato davvero fortunato che Algamish ti abbia designato suo erede».

«Fortunato solo di aver avuto il desiderio di migliorare prima di incontrarlo. Non ho forse dimostrato per quattro anni la mia determinazione risparmiando la decima parte di tutto ciò che guadagnavo? Direste che è fortunato quel pescatore che ha studiato per anni le abitudini dei pesci e che, ad ogni mutar del vento, sa gettare le reti nel posto giusto? L'occasione è una dea che non perde tempo con chi è impreparato!».

«Hai dimostrato una grande forza di volontà dopo aver perduto i risparmi del tuo primo anno, però», disse un altro.

«Forza di volontà!?», replicò Arkad. «Che sciocchezze! Credete che la volontà possa dare ad un uomo la forza di sollevare il peso che un cammello non riesce a sollevare, o di tirare un carico che un bue non riesce a muovere? La forza di volontà non è che la risoluta decisione di portare a buon fine il compito che ci si è prefissati. Se mi impongo un compito, per quanto irrilevante possa essere, lo porterò fino in fondo. In quale altro modo potrò contare su me stesso per realizzare le cose importanti? Se decidessi che per cento giorni, attraversando il ponte all'ingresso della città, io debba raccogliere un sassolino dalla strada per gettarlo nel fiume, lo farei. Se il settimo giorno lo dimenticassi, non direi a me stesso: "Domani getterò due sassolini, così andrà bene ugualmente", tornerei piuttosto sui miei passi e lancerei il sassolino. E neppure direi a me stesso il ventesimo giorno: "Arkad, tutto ciò è inutile. A cosa ti porterà gettare un sassolino ogni giorno? Butta dentro una manciata e falla finita". No, non lo farei proprio: quando mi impongo un compito, lo porto a termine. Cerco, perciò, di evitare quelli particolarmente difficili o impossibili, perché amo gli agi».

Poi parlò un altro amico: «Se ciò che dici è vero, essendo poi così semplice, e se tutti lo facessero, la ricchezza non sarebbe poi tanto disponibile».

«La ricchezza cresce ovunque un uomo eserciti energia», ribatté Arkad. «Se un uomo ricco si costruisce un nuovo palazzo, l'oro che egli spende sparisce? No, una parte di esso ce l'ha il fabbricante di mattoni, ed un'altra parte l'ha il muratore, e l'artista ne ha un'altra parte ancora. Tuttavia, quando il palazzo è completato, non è valso tutto quello che è costato? E il terreno sul quale si trova non vale forse di più? La ricchezza cresce magicamente. Nessuno può conoscerne i limiti. I fenici non hanno forse costruito grandi città sulle aride coste con la ricchezza che hanno ottenuto grazie alle loro navi mercantili?».

«Che cosa ci consigli di fare, dunque, per diventare ricchi anche noi?», domandò un altro. «Gli anni sono trascorsi, non siamo più giovani e non abbiamo messo nulla da parte».

«Vi consiglio di dare ascolto alla saggezza di Algamish e dire a voi stessi: "*Una parte di tutto ciò che guadagno è mia e la devo conservare*". Ditelo al mattino quando vi alzate, ditelo a mezzogiorno, ditelo alla sera, ditelo ad ogni ora del giorno. Ditelo a voi stessi finché le parole si imprimeranno come lettere di fuoco nel cielo.

«Imprimetevi quest'idea nella mente. Riempitevi di questo pensiero. Poi stabilite una parte ragionevole dei vostri guadagni, facendo in modo che non sia minore della decima parte, e conservatela. Modificate le altre vostre spese se necessario, ma per prima cosa conservate quella somma. Presto proverete la piacevole sensazione di possedere un tesoro che appartiene a voi soltanto. Più questo crescerà e più ne sarete stimolati. Sarete pervasi da una nuova gioia di vivere che vi spingerà ad ottenere di più.

«Poi imparate a far lavorare il vostro tesoro per voi. Fatelo diventare il vostro schiavo. Fate in modo che i suoi «figli» e i «figli dei suoi figli» lavorino per voi.

«Assicuratevi una rendita per il vostro futuro. Guardate gli anziani e non dimenticate che, nei giorni a venire, lo sarete anche voi. Perciò, investite il vostro tesoro con la massima cura affinché non vada perduto. I tassi d'interesse dell'usuraio sono sirene ingannevoli che cantano solo per attirare gli imprudenti sugli scogli della perdita e del rimorso.

«Provvedete anche alle vostre famiglie, nel caso gli dei vi chiamassero nel loro regno.

«Consultate gli uomini saggi. Cercate il consiglio di chi è più esperto nel maneggiare il denaro, ed evitate di fare il mio stesso errore, quando ho affidato i miei soldi al giudizio di Azmur, il fabbricante di mattoni. Un interesse basso ma sicuro è molto meglio del rischio.

«Godetevi la vita mentre siete al mondo. Non sforzatevi eccessivamente né cercate di risparmiare troppo. Se un decimo di tutto ciò che guadagnate è quanto potete risparmiare comodamente, accontentatevi di risparmiare questa porzione. Vivete piuttosto secondo le vostre entrate, senza diventare avari e timorosi di spendere. La vita è bella e ricca di cose buone delle quali godere».

I suoi amici lo ringraziarono ed andarono via. Alcuni erano silenziosi perché non riuscivano a comprendere, altri erano delusi perché pensavano che una persona così ricca avrebbe dovuto dividere il suo denaro con i vecchi amici meno fortunati di lui. Ma alcuni avevano negli occhi una nuova luce: avevano capito che Algamish era ritornato ogni volta nella stanza degli scrivani per assistere un uomo che, dalle tenebre, percorreva il suo cammino verso la luce. Una volta trovata quella luce, un posto lo aspettava. Nessuno avrebbe potuto prendere quel posto finché egli non avesse trovato da sé la sua consapevolezza, finché non fosse stato pronto per quell'opportunità.

Furono questi ultimi gli amici che, negli anni seguenti, tornarono spesso a fare visita ad Arkad, che li riceveva con gioia. Egli diede consigli e offrì loro la sua saggezza con generosità, come fanno sempre volentieri gli uomini di grande esperienza. Li aiutò ad investire i loro risparmi in modo che garantissero un interesse sicuro e che non andassero perduti venendo coinvolti in investimenti sbagliati.

Il punto di svolta nella vita di questi uomini arrivò il giorno in cui si resero conto della verità che era venuta da Algamish ad Arkad e da Arkad a loro.

UNA PARTE DI TUTTO CIÒ
CHE GUADAGNATE
È VOSTRA E LA DOVETE CONSERVARE.

I SETTE RIMEDI PER RIEMPIRE UNA BORSA VUOTA

LA GLORIA di Babilonia non ha fine. Attraverso i secoli la sua reputazione ce la descrive come la più ricca delle città, i suoi tesori come i più favolosi.

Tuttavia, non è sempre stato così. Le ricchezze di Babilonia furono il risultato della saggezza della sua gente, che innanzitutto dovette imparare come si diventa ricchi.

Quando il buon re Sargon ritornò a Babilonia dopo aver sconfitto i suoi nemici, gli Elamiti, dovette affrontare una situazione grave. Il cancelliere reale così la spiegò al re:

«Dopo molti anni di grande prosperità, che il nostro popolo deve a Sua Maestà grazie ai grandi canali di irrigazione e agli imponenti templi dedicati agli dei che Sua Maestà ha costruito, ora che questi lavori sono completati, il popolo sembra incapace di provvedere alle sue necessità.

«Gli operai non hanno lavoro, i commercianti hanno pochi clienti, i contadini non riescono a vendere i loro prodotti, la gente non possiede oro a sufficienza per comprare del cibo».

«Ma dove è andato a finire tutto l'oro che abbiamo speso per questi grandi miglioramenti?», chiese il re.

«Purtroppo», rispose il cancelliere, «temo che sia finito nelle mani di pochi uomini molto ricchi della nostra città. È filtrato tra le dita della maggior parte della nostra gente con la stessa velocità con cui il latte di capra passa attraverso un colino. Ora che il flusso d'oro si è fermato, molte persone non hanno più alcun guadagno».

Il re dopo aver riflettuto per qualche momento, domandò: «Perché così poche persone sono capaci di accaparrarsi tutto l'oro?».

«Perché sanno come fare», rispose il cancelliere. «Non si può condannare un uomo perché ha successo grazie alle sue capacità. E non si può nemmeno portare via ad un altro ciò che si è guadagnato giustamente per darlo a chi non ne è stato in grado».

«Ma perché», domandò il re, «non possono imparare tutti a fare fortuna e a diventare ricchi?».

«Ciò è possibile, Maestà, ma chi può insegnare loro? Certamente non i sacerdoti, perché essi non sanno nulla in materia di soldi».

«Chi meglio di tutti, nella nostra città, sa come diventare ricco, cancelliere?», domandò il re.

«La vostra domanda contiene in sé la risposta, Maestà: chi possiede la più grande ricchezza nella città di Babilonia?».

«Ben detto, mio abile cancelliere: è Arkad. È lui l'uomo più ricco di tutta Babilonia. Conducilo dinanzi a me domani».

Il giorno seguente, così come il re aveva decretato, Arkad apparve dinanzi a lui, ritto e attento nonostante la sua età fosse ormai avanzata.

«Arkad», parlò il re, «è vero che sei l'uomo più ricco di Babilonia?».

«Così si dice in giro, Maestà».

«Come hai fatto a diventare così ricco?».

«Sfruttando le opportunità a disposizione di tutti i cittadini della nostra città».

«Non possedevi nulla all'inizio?».

«Solo un grande desiderio di ricchezza. Oltre a questo, nulla».

«Arkad», proseguì il re, «la nostra città si trova in una condizione infelice, perché solo pochi uomini sanno come acquisire ricchezze e quindi le monopolizzano, mentre la massa dei nostri cittadini non riesce a conservare la minima parte dell'oro che riceve.

«È mio desiderio che Babilonia sia la città più ricca del mondo. Pertanto deve essere la città di molti uomini ricchi. Dobbiamo insegnare a tutti come si ottiene la ricchezza. Dimmi, Arkad, esiste un segreto per farlo? Lo si può trasmettere agli altri?».

«È facile, Maestà. Ciò che un uomo conosce può essere insegnato agli altri».

Gli occhi del re si illuminarono. «Arkad, tu pronunci le parole che desideravo sentire. Vuoi prestarti a questa grande causa? Vuoi insegnare il tuo sapere ad un gruppo di maestri, che a loro volta insegneranno ad altri finché non vi saranno abbastanza persone in grado di diffondere queste verità a ogni degno soggetto del mio regno?».

Arkad si inchinò e disse: «Sono un vostro umile

servitore. Qualsiasi conoscenza io possegga la offrirò volentieri ai miei concittadini per la gloria del mio re. Dite al cancelliere di organizzare per me una classe di cento uomini: insegnerò loro i sette rimedi che mi hanno aiutato a riempire le tasche quando erano le più vuote di tutta Babilonia».

Due settimane più tardi, in adempimento al comando del re, le cento persone scelte si radunarono nella grande sala del Tempio del Sapere, seduti in semicerchio. Arkad si sistemò accanto ad un piccolo sgabello su cui era appoggiata una lampada sacra, che emanava un profumo strano ma piacevole.

«Guarda, l'uomo più ricco di Babilonia», mormorò uno studente al suo vicino, colpendolo con il gomito, quando Arkad si alzò. «Non è poi diverso da noi».

«Sono qui di fronte a voi», esordì Arkad, «al servizio del nostro grande re, in qualità di suo fedele suddito. Egli mi ha chiesto di impartirvi il mio sapere; perché un tempo sono stato un giovane povero con il forte desiderio di possedere la ricchezza e ho trovato le nozioni che mi hanno permesso di acquisirla.

«Iniziai la mia fortuna nel più umile dei modi. Avevo gli stessi vantaggi di cui può aver goduto ciascuno di voi o qualsiasi cittadino di Babilonia.

«Il primo posto in cui conservai il mio tesoro fu una borsa consunta. Odiavo vederla inutilmente vuota. Desideravo che fosse rotonda e piena, risonante del tintinnio dell'oro. Quindi cercai ogni rimedio per riempirla: ne trovai sette.

«A voi, che siete riuniti dinanzi a me, spiegherò i sette rimedi che raccomando a tutti coloro che desiderano molto oro. Ogni giorno, e per sette giorni, vi spiegherò uno dei sette rimedi.

«Ascoltate attentamente le nozioni che vi impartirò, dibattetele con me, discutetene tra di voi. Imparate a fondo queste lezioni: in questo modo potrò piantare il seme della ricchezza anche nelle vostre borse. Per prima cosa ognuno di voi dovrà cominciare a costruirsi con saggezza la sua fortuna personale. Solo quando avrete acquisito la competenza necessaria, potrete insegnare queste verità agli altri.

«Io vi mostrerò in maniera semplice come riempire le vostre borse. È questo il primo passo che conduce al tempio della ricchezza, e non v'è uomo che possa andare in alto se non posa prima con fermezza i piedi sul primo gradino.

«Eccoci dunque al primo rimedio».

IL PRIMO RIMEDIO

Iniziate a riempire la vostra borsa

Arkad si rivolse ad un uomo pensieroso della seconda fila: «Mio buon amico, che lavoro fai?».

«Sono uno scrivano, incido documenti sulle tavole d'argilla».

«Lo stesso lavoro che facevo io quando guadagnai le mie prime monete di rame. Perciò tu hai la stessa opportunità di costruirti una fortuna».

Poi parlò ad un uomo dal viso florido che si trovava più indietro: «E tu cosa fai per guadagnarti il pane?».

«Io», rispose questo, «faccio il macellaio. Acquisto le capre dai pastori, le uccido e vendo la loro carne alle donne e le loro pelli ai fabbricanti di sandali».

«Poiché anche tu fatichi e guadagni, hai gli stessi vantaggi che possedevo io per avere successo».

Arkad proseguì in questo modo per scoprire come ciascuno si guadagnava da vivere. Quando ebbe finito di chiedere a tutti, disse:

«Ora, cari studenti, potete vedere che esistono molti mestieri e lavori che permettono all'uomo di guadagnare denaro. Ogni forma di guadagno è una vena d'oro dalla quale il lavoratore estrae, con le sue fatiche, una parte per la sua borsa. Perciò, nella borsa di ciascuno di noi, scorre un flusso di monete grande o piccolo a seconda della nostra abilità. Non è forse così?».

Tutti furono d'accordo con questa affermazione.

«Quindi», proseguì Arkad, «se ognuno di voi desidera costruirsi una fortuna, non sarà saggio cominciare con la parte di ricchezza che egli ha già costituito?».

Anche su questo furono tutti d'accordo.

Poi Arkad si rivolse ad un uomo dall'umile aspetto che aveva detto di essere un mercante di uova. «Se tu scegliessi una delle tue ceste e vi mettessi dentro ogni mattino dieci uova e ne togliessi nove ogni sera, cosa accadrebbe alla fine?».

«Con il tempo straborderebbe».

«Perché?».

«Perché ogni giorno metterei dentro un uovo in più di quante ne toglierei».

Arkad si rivolse alla classe sorridendo. «C'è qualcuno qui che ha una borsa vuota?».

All'inizio apparvero tutti divertiti, poi si misero a ridere e infine sventolarono scherzosamente i loro borsellini.

«Va bene», continuò, «ora vi rivelerò la prima cosa che ho imparato per rimediare ad un borsellino vuoto. Fate esattamente ciò che ho suggerito al mercante di uova: *per ogni dieci monete che mettete nella vostra borsa, non estraetene che nove per le vostre necessità. La vostra borsa comincerà a riempirsi rapidamente. Quando la terrete in mano il suo peso vi darà una gradevole sensazione.*

«Non sottovalutate ciò che dico per la sua semplicità: la verità è sempre semplice. Ho detto che vi avrei raccontato come ho costruito la mia fortuna. Questo è stato il mio inizio. Anch'io avevo una borsa vuota e la maledicevo perché non vi era nulla dentro per soddisfare i miei desideri. Ma quando cominciai a togliere solo nove monete delle dieci che ci avevo messo dentro, essa cominciò a riempirsi. Così farà la vostra.

«Vi dirò ora una strana verità, di cui non conosco la ragione. Quando smisi di spendere più dei nove decimi dei miei guadagni, riuscii ad andare avanti altrettanto bene. Non avevo meno soldi di prima. Inoltre, poco tempo dopo, ottenevo monete con maggiore facilità. Sicuramente è una legge degli dei che stabilisce che, a chi risparmia e non spende una certa parte di tutti i suoi guadagni, l'oro arriverà più facilmente. Allo stesso modo, l'oro eviterà colui che ha la borsa vuota.

«Cosa desiderereste di più? Soddisfare i desideri di tutti i giorni: un gioiello, dei fronzoli vistosi, un abbigliamento migliore, più cibo; le cose che spariscono e si dimenticano presto? O i beni sostanziosi, come l'oro, le terre, il bestiame, le mercanzie, dei buoni investimenti? Le monete che toglierete dalla borsa vi daranno le prime di queste cose; quelle che vi lascerete dentro vi daranno le seconde.

«Questo era il primo rimedio che ho scoperto per il mio borsellino vuoto: "*Per ogni dieci monete che metto dentro, ne spendo solo nove*". Parlatene tra di voi: se qualcuno riesce a dimostrare il contrario me lo dica domani al prossimo incontro».

IL SECONDO RIMEDIO

Controllate le vostre spese

«Alcuni di voi mi hanno chiesto questo: "Come può un uomo risparmiare un decimo di tutto ciò che guadagna, quando tutte le monete che guadagna non sono sufficienti per le spese necessarie?"». Così Arkad si rivolse ai suoi studenti, il secondo giorno.

«Quanti di voi ieri avevano una borsa vuota?».

«Tutti», rispose la classe.

«Ciononostante, non guadagnate tutti allo stesso modo. Alcuni guadagnano molto di più di altri; alcuni hanno famiglie più numerose da mantenere. Tuttavia, tutte le borse erano vuote allo stesso modo. Vi dirò ora una verità insolita sugli uomini e sui loro figli: ciò che ciascuno di noi chiama le "spese necessarie" aumenterà sempre fino ad eguagliare le nostre entrate, se non faremo qualcosa per evitarlo.

«Non confondete le spese necessarie con i vostri desideri. Tutti voi, con le vostre famiglie, avete più desideri di quanto i vostri risparmi possano soddisfare. Quindi, i vostri guadagni vengono spesi per gratificare questi desideri fin dove vi è possibile. Eppure molti desideri restano non esauditi.

«Tutti gli uomini sono oberati da più desideri di quanti essi possano soddisfare. Pensate che, grazie alle mie ricchezze, io sia in grado di soddisfare ogni mio desiderio? È un'idea fasulla. Ci sono limiti al mio tempo, ci sono limiti alla mia forza, ci sono limiti alle distanze che posso percorrere, ci sono limiti a ciò che posso mangiare, ci sono limiti ai piaceri che posso provare.

«Così come le erbacce crescono in un campo laddove il contadino lascia spazio alle loro radici, allo stesso modo crescono negli uomini i desideri laddove c'è la possibilità che essi vengano gratificati. I desideri sono una moltitudine, ma quelli che voi potrete realizzare sono pochi.

«Studiate bene le vostre abitudini: vi sono spesso alcune spese, ormai date per scontate, che possono essere saggiamente ridotte o eliminate. Dovrete impegnarvi ad apprezzare, al cento per cento, il valore di ogni moneta che avrete speso.

«Quindi, incidete sull'argilla ogni cosa per la quale desiderate spendere. Selezionate quelle che sono necessarie e quelle che sono possibili spendendo nove decimi del vostro guadagno. Cancellate il resto e consideratelo come una parte della moltitudine di desideri che devono rimanere insoddisfatti e che non devono essere rimpianti.

«Fate poi il bilancio delle vostre spese necessarie. Non toccate il decimo che sta ingrassando la vostra borsa. Fate in modo che questo sia il vostro grande desiderio che si sta realizzando. Continuate a dedicarvi al vostro elenco e a ritoccarlo secondo le necessità.

A questo punto, uno degli studenti, che indossava una tunica rossa e dorata, si alzò e disse: «Io sono un uomo libero. Credo di avere il diritto di godere delle buone cose della vita. Perciò mi ribello contro la schiavitù di un programma che determina quanto io posso spendere e per cosa. Ho la sensazione che questo mi possa impedire di godere dei molti piaceri della vita facendomi diventare come un asino da soma che deve portare il suo carico».

Arkad gli rispose: «Chi, amico mio, determinerebbe il tuo bilancio?».

«Io stesso», protestò lo studente.

«Se fosse un asino a stabilire il carico che deve portare, tu credi che includerebbe gioielli, tappeti e pesanti lingotti d'oro? Certo che no: il suo carico comprenderebbe fieno, grano ed un otre d'acqua per affrontare il deserto.

«L'obiettivo di un bilancio è quello di aiutarti a prosperare, a soddisfare le tue necessità e, per quanto possibile, i tuoi altri desideri. È quello di renderti capace di realizzare le più care aspirazioni difendendole dai desideri più superficiali. Come una luce che brilla in una grotta oscura, il tuo bilancio mostrerà le falle presenti nella tua borsa e ti permetterà di tapparle e controllare le uscite per scopi definiti e gratificanti.

«Questo, quindi, è il secondo rimedio che vi insegno: *fate il bilancio delle spese in modo da avere il denaro per pagare quelle più necessarie e per gratificare i desideri più validi, senza spendere più dei nove decimi delle vostre entrate*».

IL TERZO RIMEDIO

Fate in modo che il vostro oro si moltiplichi

«La vostra borsa si sta riempiendo. Avete imposto a voi stessi di lasciarvi dentro un decimo di tutto ciò che guadagnate, avete limitato le spese per proteggere il vostro tesoro. Ora considereremo i mezzi per far sì che il vostro tesoro aumenti. L'oro gratifica colui che lo possiede e soddisfa l'animo dell'avaro, ma non produce nulla. L'oro che conserviamo dai nostri guadagni non è che l'inizio. Ciò che esso produrrà costruirà la nostra fortuna».

Così parlò Arkad alla sua classe il terzo giorno.

«Come possiamo far rendere il nostro oro? Il mio primo investimento fu sfortunato, perché persi tutto. Il mio primo investimento proficuo fu un prestito che feci ad un uomo di nome Aggar, un fabbricante di scudi. Una volta all'anno egli acquistava grandi carichi di bronzo, importato da mari lontani, da usare per il suo commercio. Mancandogli il capitale necessario per pagare i mercanti, lo prendeva in prestito da quelli che avevano soldi in eccedenza. Era un uomo onesto. Restituiva le somme prestate con dei buoni interessi non appena vendeva i suoi scudi.

«Ogni volta che gli facevo un prestito, gli prestavo di rimando anche gli interessi che mi aveva corrisposto. Quindi, non solo il mio capitale aumentava, ma aumentavano anche i suoi interessi. Era molto gratificante vedere che queste somme ritornavano nella mia borsa.

«Cari studenti, vi sto dicendo che la ricchezza di un uomo non è nelle monete che possiede, ma nella rendita che egli costruisce. Questo è ciò che ogni uomo desidera. Questo è ciò che voi, ognuno di voi, desidera: una rendita che continua ad arrivare sia che lavoriate, sia che viaggiate.

«Io ho ottenuto delle rendite talmente grandi che vengo definito un uomo molto ricco. Con i prestiti ad Aggar imparai a fare investimenti proficui. Acquisendo saggezza da questa esperienza, ho esteso i miei prestiti e gli investimenti con l'aumentare del mio capitale.

«Guardate, dai miei umili guadagni avevo ottenuto un orda di schiavi d'oro che lavoravano e guadagnavano altro oro. Come essi lavoravano per me, altrettanto lavoravano i loro figli ed i figli dei figli, finché grande fu la rendita proveniente dai loro sforzi combinati.

«L'oro incrementa rapidamente quando si fanno guadagni intelligenti, come vedrete da quanto segue: un contadino, alla nascita del suo primo figlio, prese dieci pezzi di argento e li consegnò ad un usuraio, chiedendogli di conservarli per suo figlio finché egli avesse compiuto venti anni di età. Così fece l'usuraio, con l'accordo che gli interessi fossero pari ad un quarto dell'intero valore ogni quattro anni. Il contadino stabilì, dato che questa somma era stata accantonata come proprietà di suo figlio, che gli interessi fossero aggiunti alla cifra originale.

«Quando il ragazzo ebbe raggiunto i vent'anni, il contadino tornò dall'usuraio, che gli spiegò che, grazie agli interessi accumulati, gli originali dieci pezzi di argento erano aumentati a trentuno pezzi e mezzo.

«Il contadino era molto compiaciuto e, poiché il figlio non aveva bisogno dei soldi, li lasciò dall'usuraio. Quando il figlio ebbe cinquant'anni, ed il padre nel frattempo era trapassato all'altro mondo, l'usuraio saldò il pagamento con centosessantasette pezzi d'argento.

«Così, in cinquant'anni, l'investimento si era moltiplicato rendendo quasi diciassette volte il capitale.

«Questo, dunque, è il terzo rimedio: *far sì che ogni moneta renda, affinché si riproduca come le greggi nel pascolo e vi aiuti a procurarvi la ricchezza che alimenterà costantemente la vostra fortuna».*

IL QUARTO RIMEDIO

Proteggete i vostri tesori dalle perdite

«La sfortuna è attratta dal luccichio. L'oro nel borsellino di un uomo deve essere custodito con molta cura, altrimenti andrà perduto. Perciò è bene che per prima cosa mettiamo al sicuro le piccole somme e impariamo a proteggerle, prima che gli dei ce ne affidino di più grandi». Così parlò Arkad alla sua classe il quarto giorno.

«Chi possiede dell'oro è tentato dalle occasioni che sembrano promettere grossi guadagni. Spesso viene incoraggiato da amici e parenti che ne sono già coinvolti.

«Il primo principio dell'investimento consiste nella sicurezza del capitale. È saggio lasciarsi attrarre da grandi guadagni quando si corre il rischio di perdere il capitale? Io dico di no. Il risultato del rischio è una possibile perdita. Prima di separarvi dal vostro tesoro, assicuratevi di poterlo riavere indietro. Non lasciatevi sviare dall'illusione di fare fortuna rapidamente.

«Prima di prestare il vostro denaro a qualcuno, accertatevi della reputazione di questa persona e della sua possibilità di rendervi ciò che vi è costato tanta fatica.

«Prima di impegnare il vostro oro in un investimento qualsiasi, cercate di conoscere i pericoli che lo potrebbero attaccare.

«Il mio primo investimento fu una vera tragedia. Affidai i miei risparmi di un anno ad un fabbricante di mattoni, di nome Azmur, che viaggiava per mari lontani e accettò di comprare per me, a Tiro, dei rari gioielli fenici. Al suo ritorno li avremmo venduti dividendone i profitti. I fenici però lo truffarono e gli vendettero dei pezzi di vetro. Il mio tesoro era andato perduto. Oggi, l'esperienza mi impedirebbe subito la follia di affidare ad un fabbricante di mattoni l'acquisto di gioielli.

«Perciò, il mio consiglio, dettato dalle mie stesse esperienze, è di non fidarvi troppo del vostro intuito nell'affidare il vostro tesoro ad investimenti poco sicuri. È molto meglio consultare la saggezza di coloro che sono esperti nel maneggiare i soldi per trarne profitto. Questi consigli vengono dati gratuitamente, basta chiedere, e il loro valore equivale all'oro che desiderate ottenere. In verità, è proprio questo il loro valore quando vi evitano una perdita.

«Questo, quindi, è il quarto rimedio: *proteggete il vostro tesoro dalla perdita, investendo solo dove il vostro capitale è al sicuro, dove possa essere richiesto se lo desiderate, e dove ricaverete dei buoni interessi. Consultate uomini saggi. Procuratevi il consiglio di coloro che sono esperti nella gestione proficua dell'oro. Fate che la loro saggezza protegga il vostro tesoro da un investimento poco sicuro*».

IL QUINTO RIMEDIO

Fate sì che la vostra dimora sia un investimento proficuo

«Se un uomo riesce a vivere e a godersi la vita mettendo da parte nove decimi dei suoi guadagni, e se riesce a trasformare qualunque di queste nove parti in un investimento proficuo senza togliere nulla al suo benessere, allora i suoi tesori cresceranno più rapidamente». Così parlò Arkad alla sua classe alla quinta lezione.

«Troppi babilonesi fanno vivere la loro famiglia in abitazioni poco decorose, per cui pagano degli affitti molto elevati. Le donne non posseggono un angolo in cui far crescere qualche fiore che possa rallegrare un po' il loro cuore, e i loro figli non hanno un luogo dove giocare, se non uno sporco vicolo.

«La famiglia di un uomo non può godersi pienamente la vita a meno che non abbia un pezzo di terra dove i bambini possano giocare al sicuro e la moglie possa coltivare, oltre ai fiori, delle verdure con cui nutrire la sua famiglia.

«Il cuore di un uomo si colma di gioia se può mangiare i fichi dei suoi alberi e l'uva delle sue viti. Possedere una casa di cui essere orgogliosi è motivo di fiducia e incoraggiamento a impegnarsi di più in ogni impresa. Perciò raccomando a tutti di possedere un tetto che offra riparo a se stessi e alle proprie famiglie.

«Rientra nella capacità di qualunque uomo ben intenzionato possedere la propria casa.

«Il nostro re non ha forse allargato la cerchia delle mura di Babilonia per permettere di acquistare della terra a prezzi ragionevoli, visto che molta non viene utilizzata?

«Inoltre vi dico, cari studenti, che i prestasoldi assecondano volentieri i desideri di chi cerca una casa e della terra per la propria famiglia. Potrete ottenere un prestito per pagare il fabbricante di mattoni ed il costruttore, se disporrete di una buona parte della cifra necessaria.

«Poi, quando la casa sarà terminata, potrete pagare il prestasoldi con la stessa regolarità con cui pagavate il padrone di casa. Poiché ogni pagamento ridurrà il vostro debito al prestasoldi, in pochi anni gli restituirete il prestito.

«Allora ne sarete felici, perché avrete una proprietà di valore e le vostre uniche spese saranno le tasse del re. Inoltre, vostra moglie potrà recarsi più spesso al fiume per lavare i panni e, ogni volta, tornerà con un otre di pelle di capra pieno d'acqua da versare sulle sue piante.

«Così, l'uomo che possiede la propria casa, ha parecchi benefici. Ridurrà molto le sue spese, e di conseguenza potrà utilizzare un'altra parte dei suoi guadagni per soddisfare i suoi desideri. Questo, quindi, è il quinto rimedio da imparare: *possedete la vostra casa*».

IL SESTO RIMEDIO

Assicuratevi una rendita per il futuro

«La vita di ogni uomo si svolge partendo dalla sua infanzia fino alla sua vecchiaia: questo è il percorso della vita e nessuno può cambiarlo a meno che gli dei non lo chiamino prematuramente nell'altro mondo. Perciò vi dico che *è opportuno che un uomo preveda una rendita adeguata per i giorni a venire,* quando non sarà più giovane, e *che prepari la sua famiglia all'eventualità che egli potrebbe non essere più accanto a loro a confortarli e sostenerli.* Questa lezione vi insegnerà a procurarvi del denaro quando ormai per voi non sarà più tanto facile imparare». Così si rivolse Arkad alla sua classe il sesto giorno.

«Colui che, grazie alla sua conoscenza delle leggi della ricchezza, ha accumulato un certo patrimonio, dovrebbe pensare ai suoi giorni futuri. Dovrebbe predisporre alcuni investimenti o risparmi che possano resistere al sicuro per molti anni, ma che possano essere disponibili quando arriverà il momento che egli avrà saggiamente anticipato.

«Esistono modi diversi per provvedere con sicurezza al proprio futuro. Ci si può procurare un nascondiglio in cui seppellire un tesoro segreto. Tuttavia, indipendentemente dalla cura con cui lo si sia nascosto, potrebbe divenire bottino per i ladri. Per questa ragione è un rimedio che non raccomando.

«Si possono acquistare case e terreni. Se scelti con giudizio in funzione della loro utilità e del loro valore nel futuro, quel valore si manterrà nel tempo, e i loro introiti o la loro vendita provvederanno bene a questo scopo.

«Oppure si può prestare una piccola somma di denaro al prestasoldi ed incrementarla ad intervalli di tempo regolari. Gli interessi che il prestasoldi aggiungerà contribuiranno ad aumentare il capitale. Un calzolaio che conosco, di nome Ansan, mi spiegò che, ogni settimana per la durata di otto anni, aveva depositato presso il suo prestasoldi due pezzi d'argento. Costui gli aveva appena dato un resoconto che lo aveva reso molto felice: il totale di tutti i suoi piccoli depositi, sommati agli interessi pari al quarto del loro valore ogni quattro anni, ammontava ora a mille e quaranta pezzi di argento.

«Lo incoraggiai perciò ad andare avanti dimostrandogli, con la mia conoscenza dei numeri, che nel giro dodici anni il prestasoldi gli avrebbe corrisposto ben quattromila pezzi d'argento.

«Quando un pagamento così piccolo fatto con regolarità, produce dei risultati così proficui, *nessun uomo può permettersi di non assicurarsi un tesoro per la sua vecchiaia e per la sicurezza della sua famiglia, a prescindere dalla mole dei suoi affari e dei suoi investimenti.*

«Sono convinto che un giorno qualcuno troverà il modo di assicurarsi contro la morte con il pagamento regolare di una cifra irrisoria, che diventerà molto importante e che verrà data alla famiglia del defunto. Vedo questo come una cosa auspicabile che potrei raccomandare fortemente; ma oggi non è possibile perché, per funzionare, deve andare oltre la vita di qualunque uomo o di qualunque associazione. Deve essere stabile come il trono del re. Ogni tanto penso che questo piano si realizzerà e sarà una grande benedizione per molti uomini, perché persino il primo piccolo pagamento renderà disponibile una certa fortuna per la famiglia del defunto.

«Dal momento che viviamo però nel tempo presente e non nei giorni che saranno a venire, dobbiamo approfittare dei mezzi e dei modi attuali per realizzare i nostri obiettivi. Quindi raccomando a tutti gli uomini di provvedere economicamente, con metodi saggi e ben meditati, alla loro maturità. Infatti non possedere denaro, per chi non è più in grado di guadagnarsi da vivere o per una famiglia priva di capofamiglia, è una vera tragedia.

Questo è perciò il sesto rimedio: *provvedete in anticipo alle necessità della vostra vecchiaia e alla sicurezza della vostra famiglia*».

IL SETTIMO RIMEDIO

Aumentate la vostra capacità di guadagno

«Oggi vi parlerò, cari amici, di uno dei metodi più importanti per crearsi una fortuna. Non vi parlerò dell'oro, però, ma di voi stessi. Vi parlerò delle cose che, nella mente e nella vita di un uomo, lavorano a favore o contro il proprio successo». Così si rivolse Arkad alla sua classe il settimo giorno.

«Poco tempo fa, venne a farmi visita un giovane per chiedere un prestito. Quando gli domandai quale fosse il motivo di questa necessità, si lamentò che i suoi guadagni non erano sufficienti a coprire le sue spese. Allora gli spiegai che era un cliente poco interessante per un prestasoldi, poiché non possedeva alcuna capacità di guadagno eccedente per ripagare il prestito.

«"Ciò di cui hai bisogno, giovanotto", gli dissi, "è di guadagnare altro denaro. Cosa fai per incrementare la tua capacità di guadagno?".

«"Tutto quello che posso fare", rispose. "Sei volte in due lune ho chiesto al mio padrone di aumentarmi la paga, ma senza successo. Nessuno può andare a chiedere più spesso di così".

«Possiamo sorridere della sua ingenuità, eppure possedeva uno dei requisiti più importanti per incrementare i suoi guadagni. Dentro di sé c'era un forte desiderio di guadagnare di più, un desiderio giusto e raccomandabile.

«*Prima di realizzare qualcosa deve esserci il desiderio. I vostri desideri devono essere forti e ben definiti.* I desideri generici non sono altro che deboli aspirazioni. Ad un uomo servirà poco desiderare di diventare ricco. Invece desiderare cinque pezzi d'oro è un'aspirazione tangibile che potrà realizzare. Una volta che sarà riuscito a guadagnarsi con forte determinazione quei cinque pezzi d'oro, conoscerà il modo per ottenere dieci pezzi, poi venti e più tardi mille pezzi, e presto sarà ricco. Imparando a prefiggersi un piccolo desiderio ben definito, egli impara a prefiggersi presto un desiderio più grande. Questo è il processo con cui si accumula la ricchezza: prima con piccole somme, che poi crescono mano a mano che l'uomo impara e acquista esperienza.

«I desideri devono essere semplici e precisi. Se fossero troppo numerosi, troppo confusi o al di sopra della capacità dell'uomo che li vuole soddisfare, il loro obiettivo svanirebbe.

«Perfezionandosi nel suo lavoro, un uomo incrementa anche la sua capacità di guadagno. Quando ero un umile scrivano e incidevo tavole di argilla per poche monete di rame al giorno, notai che altri lavoratori scrivevano più di me e venivano pagati di più. Allora decisi che nessuno mi avrebbe superato. Scoprii presto il motivo del loro successso. Dedicando più interesse al mio lavoro, concentrandomi di più e persistendo nei miei sforzi, nel giro di poco tempo non erano molti quelli in grado di incidere più tavole di me in un giorno. La mia maggiore abilità fu ricompensata, e non fu necessario recarmi dal padrone sei volte per chiedergli un aumento.

«Maggiore conoscenza abbiamo, più denaro si guadagna. L'uomo che cerca di imparare di più riguardo al suo lavoro, sarà generosamente ricompensato. Se è un artigiano, può cercare di imparare i metodi e le attrezzature da chi è più abile nello stesso ramo. Se lavora nel campo del diritto e della medicina, può consultarsi e scambiare opinioni con altri suoi colleghi. Se è un mercante, può cercare mercanzie di qualità migliore da acquistare a prezzi più bassi.

«Gli affari di un uomo cambiano e migliorano perché gli uomini dalla mente sveglia cercano di acquisire una maggiore abilità per servire meglio i loro superiori. Quindi, incoraggio a progredire e a non fermarsi mai, poiché si rischierebbe di restare indietro.

«Molte cose arricchiscono la vita di un uomo di esperienze lucrose. Se rispetta se stesso, un uomo deve fare le seguenti cose:

«*Deve pagare i suoi debiti il più presto possibile, senza acquistare ciò che non è in grado di pagare.*

«*Deve prendersi cura della sua famiglia, in modo da essere ben giudicato da essa.*

«*Deve redigere un testamento che preveda, in caso fosse chiamato dagli dei, una ripartizione equa della sua proprietà.*

«*Deve essere compassionevole nei confronti di coloro che sono malati o perseguitati dalla sfortuna e deve aiutarli. Deve anche dimostrarsi premuroso con chi gli è caro.*

«Così, il settimo e ultimo rimedio per fare fortuna è *coltivare le vostre facoltà, studiare e divenire più saggi, acquisire maggiore abilità, agire rispettando voi stessi.* In questo modo crescerà quella fiducia in voi stessi che è necessaria per soddisfare i desideri che avrete attentamente valutato.

«Questi dunque sono i sette rimedi che, grazie ad un'esperienza di vita lunga e coronata dal successo, consiglio vivamente a tutti coloro che desiderano la ricchezza.

«Cari studenti, c'è più oro nella città di Babilonia, di quanto voi possiate sognare. C'è oro in abbondanza per tutti.

«Andate e applicate queste verità prosperando e diventando ricchi voi stessi, come vi spetta di diritto.

«Andate e insegnate queste verità affinché ogni suddito di sua maestà possa condividere le grandi ricchezze della nostra amata città».

LA DEA DELLA FORTUNA

«Se un uomo è fortunato, non c'è modo di predire fin dove si può estendere la sua buona sorte. Gettatelo nell'Eufrate e come niente ne verrà fuori con una perla in mano».

Proverbio babilonese

IL DESIDERIO di essere fortunati è universale. Era forte nel cuore degli antichi babilonesi quattromila anni fa così come lo è in quello degli uomini oggi. Tutti speriamo di essere favoriti dalla capricciosa Dea della Fortuna. Esiste qualche modo per incontrarla e attirare, non solo la sua benevola attenzione, ma anche la sua generosità?

Esiste un modo per attirare la fortuna?

Questo è proprio quello che gli abitanti dell'antica Babilonia desideravano sapere, e che decisero di scoprire. Erano persone astute e acuti pensatori. Ciò spiega il motivo per cui la loro città diventò la più ricca e potente dei loro tempi.

Allora non esistevano scuole o università, tuttavia c'era un centro di apprendimento molto pratico. Tra i tanti edifici, a Babilonia ce n'era uno che era importante quanto il palazzo reale, i giardini pensili ed i templi degli dei. Difficilmente lo troverete menzionato nei libri di storia, anzi è facile che non lo troviate menzionato affatto, nonostante la grande influenza che esercitava sul pensiero di quell'epoca.

Questo edificio era il Tempio della Conoscenza: in esso veniva tramandata da insegnanti volontari la saggezza del passato e si discutevano argomenti di interesse popolare in dibattiti pubblici. All'interno delle sue mura tutti gli uomini erano uguali, e gli schiavi più umili potevano contestare senza timore le opinioni di un principe della casa reale.

Tra i molti che frequentavano il Tempio della Conoscenza, c'era un uomo saggio e ricco, di nome Arkad, del quale si diceva che fosse l'uomo più ricco di Babilonia. Aveva un suo auditorio personale, dove, quasi tutte le sere, si radunava un grande numero di uomini, alcuni vecchi, alcuni molto giovani, ma la maggior parte in età matura, per parlare e discutere di argomenti interessanti. Perché non ci intrufoliamo per sentire se sapevano o no come attirare la fortuna?

Il sole era appena tramontato, come una grande sfera rossa di fuoco brillante nella foschia della polvere del deserto, quando Arkad giunse al suo solito posto. Un'ottantina di uomini aspettavano il suo arrivo sdraiati sui loro piccoli tappeti stesi al suolo. Altri stavano ancora arrivando.

«Di che cosa discuteremo, questa sera?», domandò Arkad.

Dopo una breve esitazione, un uomo alto, che faceva il tessitore, si alzò come era consuetudine, e disse: «Io avrei un argomento su cui dibattere, tuttavia, esito nel proporlo, perché temo che vi possa apparire ridicolo, Arkad e miei buoni amici qui riuniti».

Su invito però di Arkad e degli altri, continuò: «Oggi sono stato fortunato, perché ho trovato una borsa piena di monete d'oro. Continuare ad avere fortuna è il mio grande desiderio e, dato che penso che tutti condividano questo desiderio, suggerisco che oggi si parli di come si attiri la buona sorte, per scoprire così i modi con cui sedurla».

«Ci è stato proposto un argomento molto interessante», commentò Arkad, «e che merita di essere discusso da noi. Ad alcuni, la fortuna riserva una sola occasione che può capitare senza motivo. Altri credono che la creatrice della buona sorte sia la nostra generosa dea, Ishtar, sempre ansiosa di ricompensare i suoi eletti con doni munifici. Cosa dire, amici miei: vogliamo scoprire se ci sono dei metodi per sedurre la buona sorte e indurla così a visitare ciascuno di noi?».

«Sì! Sì! Certo!», rispose il gruppo sempre più numeroso di attenti ascoltatori.

Così Arkad continuò: «Per cominciare la nostra discussione, sentiamo prima chi tra noi ha già vissuto esperienze simili a quella del tessitore, trovando, senza alcuna fatica, tesori o gioielli di grande valore».

Ci fu una pausa in cui tutti si guardarono attorno aspettando che qualcuno rispondesse, ma nessuno lo fece.

«Come, nessuno?», esclamò Arkad, «allora si deve trattare di un tipo molto raro di fortuna. Chi vuole suggerire da dove proseguire nella nostra ricerca?».

«Lo farò io», disse, alzandosi, un giovane ben vestito. «Quando si parla di fortuna, non è naturale pensare ai tavoli da gioco? Non è là che molti uomini corteggiano i favori della dea nella speranza di essere favoriti con ricche vincite?».

Mentre si rimetteva a sedere, una voce gridò: «Non fermarti! Continua il tuo racconto! Dicci, hai ottenuto i favori della dea ai tavoli da gioco?».

Il giovane si unì alle risate bonarie, poi rispose: «Posso ammettere che a mio avviso lei non sapesse neppure che fossi lì. Ma voi? Vi ha forse aiutato far girare i dadi in vostro favore? Siamo ansiosi di sapere».

«Un buon inizio», si intromise Arkad. «Noi ci ritroviamo qui per considerare tutti gli aspetti di ogni questione. Ignorare i tavoli da gioco sarebbe tralasciare un istinto comune a tanti uomini, la tentazione di rischiare una piccola quantità d'argento nella speranza di vincere molto oro».

«Questo mi ricorda le corse di ieri», esclamò un altro ascoltatore. «Se la dea frequenta i tavoli da gioco, certamente non trascurerà le corse che, con i loro carri dorati ed i cavalli schiumanti, offrono molte più emozioni. Sii onesto, Arkad, ieri ti ha forse sussurrato di scommettere sui cavalli grigi di Ninive facendoti vincere?».

Arkad sorrise alla canzonatura e disse: «Che motivo abbiamo di pensare che la buona dea si interesserebbe così tanto della scommessa di un uomo ad una corsa di cavalli? Io la considero una dea di amore e dignità, che aiuta chi è bisognoso e premia chi se lo merita. Io non la cercherei ai tavoli da gioco o alle corse, dove gli uomini perdono più oro di quello che vincono, ma in altri luoghi dove le imprese degli uomini sono più degne di ricevere una ricompensa.

«Nella coltivazione della terra, nel commercio onesto, in tutti i mestieri, l'uomo ha occasione di trarre profitto da suoi sforzi e dalle sue transazioni. Forse non sarà sempre premiato, perché alcune volte il suo giudizio potrebbe essere errato e altre volte i venti e i fenomeni atmosferici potrebbero annullare i suoi sforzi. Tuttavia, se persiste, può aspettarsi di realizzare i propri profitti, perché le probabilità di profitto sono sempre a suo favore.

«Ma quando un uomo si dedica al gioco, la situazione si capovolge, poiché le probabilità di profitto sono sempre contro di lui e sempre a favore di chi detiene il banco. Il gioco è organizzato in modo da favorire sempre quest'ultimo. È il suo mestiere, dal quale intende ottenere un grosso profitto con le monete scommesse dai giocatori. Pochi giocatori si rendono conto del fatto che, mentre i profitti di queste persone sono garantiti, le loro probabilità di vincere sono molto incerte.

«Consideriamo, per esempio, le scommesse sui dadi. Ogni volta che il dado viene gettato, scommettiamo sul lato che si troverà in alto: se sarà il lato rosso, colui che comanda il gioco ci paga quattro volte la nostra puntata; ma se compare una delle altre cinque facce, perdiamo la nostra posta. Così, stando alle cifre, ad ogni lancio abbiamo cinque probabilità di perdere, ma poiché il rosso paga quattro a uno, abbiamo quattro probabilità di vincere. In una sola notte, chi dirige il gioco può pensare di tenere per sé un quinto di tutte le monete messe in palio. Ora, può un uomo aspettarsi di vincere, quando invece i calcoli prevedono che egli debba perdere almeno un quinto?».

«È pur vero, però, che talvolta qualcuno vince delle grosse somme», suggerì uno degli ascoltatori.

«Certamente succede», proseguì Arkad. «Temo comunque che il denaro che ne deriva non assicura un valore permanente a chi possiede questo tipo di fortuna. Tra tutti gli abitanti più ricchi della città di Babilonia che io conosca, non mi risulta che qualcuno abbia iniziato in questo modo il suo successo.

«Voi che siete qui radunati stasera conoscete molti altri cittadini facoltosi. Sarebbe di estremo interesse per me sapere quanti di essi possono attribuire al gioco l'inizio del loro successo».

«Se non vi viene in mente nessuno», rispose Arkad, «che ne dite di voi stessi? Ci sono dei vincitori tra noi che esitano ad attribuire le proprie rendite a questa fonte?».

La sua sfida fu accolta da una serie di lamenti dal fondo che si propagarono tra molte risate.

«Sembra che la buona sorte non si trovi in questi luoghi», continuò. «Non ci resta, dunque che esplorare altri campi: non l'abbiamo trovata nel raccogliere borsellini smarriti e neppure tra i tavoli da gioco. Per quanto riguarda le corse, poi, devo confessare di aver perso molti più soldi di quanti ne abbia mai vinti.

«Ora, consideriamo il nostro lavoro. Non è forse naturale, quando concludiamo un buon affare, attribuirlo ai nostri sforzi e non alla fortuna? Forse stiamo trascurando i doni della dea; può darsi che essa ci assista realmente quando noi non apprezziamo la sua generosità. Chi può suggerire ulteriori argomenti?».

A quel punto si alzò un anziano mercante, lisciando il suo bianco abito gentilizio. «Con il vostro permesso, onorevole Arkad e cari amici, vorrei suggerire una cosa. Se, come hai detto, per i successi negli affari ci prendiamo il merito della nostra abilità, perché non considerare quei successi che siamo stati sul punto di ottenere, ma che poi ci sono sfuggiti e che avrebbero potuto essere molto proficui? Non essendo stati portati a compimento, non possiamo considerarli come giuste ricompense. Sicuramente molti avranno delle esperienze simili da riferire».

«Ciò che dici è saggio», approvò Arkad. «Chi tra voi ha avuto la fortuna a portata di mano per poi vedersela sfuggire?».

Molte mani si alzarono, inclusa quella del mercante. Arkad lo spinse a parlare. «Poiché a suggerire questo argomento sei stato tu, parla per primo».

«Racconterò volentieri una storia», cominciò, «che vi illustrerà quanto un uomo possa arrivare vicino alla buona sorte e lasciarsela sfuggire con una grande perdita da parte sua e tanti rimpianti.

«Molti anni fa, quando ero un giovane appena sposato e con buone prospettive di guadagno, mio padre venne un giorno e insistette energicamente che io partecipassi ad un investimento. Il figlio di uno dei suoi migliori amici era venuto a sapere dell'esistenza di un arido tratto di terra non lontano dalle mura esterne della nostra città. Si trovava in alto, sopra il canale, dove l'acqua non poteva arrivare.

«Il figlio dell'amico di mio padre aveva progettato di acquistare questa terra e costruire tre grandi ruote che, azionate dai buoi, avrebbero attinto l'acqua dal canale trasportandola poi fino al fertile terreno. Una volta fatto questo, avrebbe diviso il terreno in piccoli appezzamenti vendendoli come orti agli abitanti della città.

«Tuttavia non possedeva oro a sufficienza per portare a termine la sua impresa. Come me, era un giovane uomo che guadagnava normalmente. Suo padre, come il mio, era un uomo con una famiglia numerosa e pochi mezzi. Perciò aveva deciso di coinvolgere un gruppo di dodici persone e farle entrare in società con lui. Ciascun socio avrebbe dovuto corrispondere un decimo dei propri guadagni fino a quando la terra non fosse pronta per la vendita. Da quel momento tutti avrebbero diviso equamente i profitti proporzionalmente ai propri investimenti.

«"Figlio mio", disse allora mio padre, "sei ancora giovane ed è mio profondo desiderio che tu cominci a costruirti un patrimonio e diventare così un uomo rispettabile. Desidero vederti trarre profitto dalla conoscenza degli errori sconsiderati di tuo padre".

«"Lo desidero molto anch'io, padre", risposi.

«"Allora, questo è il mio consiglio: fai quello che avrei dovuto fare io alla tua età, prendi un decimo dei tuoi guadagni e investilo bene. Con questa parte dei tuoi guadagni e con quello che essa stessa ti frutterà, sarai riuscito ad accumulare un grande patrimonio prima ancora di aver raggiunto la mia età".

«"Le tue sono parole di saggezza, padre. Io desidero molto avere fortuna, tuttavia ci sono molti usi a cui è destinato il mio denaro. Dunque non saprei accettare ciò che tu mi consigli: sono giovane, c'è ancora tempo".

«"Così pensavo alla tua età, e, come puoi vedere, sono trascorsi molti anni ed io non ho ancora cominciato".

«"Viviamo in un'epoca diversa, io eviterò i tuoi errori".

«"C'è un'occasione davanti a te, figlio mio. Ti sta offrendo una possibilità che ti potrebbe condurre alla ricchezza. Ti prego, non rimandare: vai domani dal figlio del mio amico e stabilisci con lui l'investimento del dieci per cento dei tuoi guadagni. Vai domani: le occasioni non aspettano nessuno; un giorno sono qui e un momento dopo sono svanite. Quindi, non rimandare!".

«Nonostante il consiglio di mio padre, esitai. I mercanti avevano appena portato dall'oriente degli splendidi abiti nuovi, di un lusso e una bellezza tale che mia moglie ed io decidemmo di acquistarne uno ciascuno. Se avessi accettato di versare un decimo dei miei guadagni nell'impresa, avremmo dovuto privarci di questi ed altri piaceri che desideravamo ardentemente. Tardai nel prendere una decisione finché non fu troppo tardi. Ne provai poi un enorme rimpianto, poiché l'impresa si dimostrò ancora più proficua di tutte le previsioni. Questa è la mia storia, che dimostra come abbia permesso alla buona sorte di sfuggirmi dalle mani».

«Da questo racconto emerge che la *fortuna va dall'uomo che accetta le occasioni*», commentò un uomo del deserto dalla carnagione scura. «Deve esserci sempre un inizio per la costruzione di un patrimonio. Quell'inizio possono essere poche monete d'oro o d'argento, che un uomo toglie dai suoi guadagni per il suo primo investimento. Io stesso possiedo molte mandrie. Cominciai quando non ero che un ragazzo e acquistai un giovane vitello con una moneta d'argento. Questo, essendo l'inizio della mia ricchezza, fu di grande importanza per me.

«Cominciare la costruzione di un patrimonio è la fortuna più grande che possa capitare a chiunque. Quel primo passo, che permette a chi in un primo tempo guadagna dal proprio lavoro di trarne poi dei profitti, è importante. Alcuni hanno la fortuna di farlo quando sono giovani e quindi hanno maggiore successo di quanti lo fanno più tardi o di chi purtroppo, come il padre di questo mercante, non lo fa mai.

«Se il nostro amico, il mercante, avesse colto l'occasione quando gli si presentò in gioventù, oggi potrebbe godere molto di più dei beni di questo mondo. Se la buona sorte del nostro amico, il tessitore, dovesse permettergli di fare quel passo ora, non sarebbe che l'inizio di una fortuna ancora più grande».

«Grazie! Anch'io ho piacere di parlare». Si levò uno straniero di un altro paese. «Sono siriano. Non parlo molto bene la vostra lingua. Desidero chiamare nostro amico mercante con una parola, ma, non so come dire. Se dico in siriano, non capite. Quale è la parola giusta per un uomo che rimanda cose che possono fargli bene?».

«Procrastinatore», disse qualcuno.

«Ecco», gridò il siriano, agitando le mani in modo concitato, «lui non prende l'occasione quando arriva. Lui aspetta, dice di avere tanto da fare adesso. Ma l'occasione non aspetta uomo così lento. Lei pensa che, se uomo desidera fortuna, si muove in fretta. Uomo che non ha fretta, quando c'è occasione, è grosso procrastinatore come nostro amico mercante».

Il mercante si alzò e si inchinò di buon grado in risposta alle risate degli altri. «Hai tutta la mia ammirazione, straniero entro le nostre mura, che non esiti a dire il vero».

«Ed ora sentiamo un'altra storia. Chi ha la sua esperienza da raccontare?», domandò Arkad.

«Io», rispose un uomo di mezza età vestito di rosso. «Sono un compratore di animali, soprattutto cammelli e cavalli, ma a volte anche capre e pecore. La storia che sto per raccontare è un chiaro esempio di come l'occasione sia giunta una notte, quando meno me l'aspettavo. Forse è per questa ragione che me la sono lasciata sfuggire. Di questo voi sarete giudici.

«Una sera, di ritorno dopo un viaggio sconfortante di dieci giorni alla ricerca di cammelli, mi adirai molto nel trovare sprangate le porte della città. Mentre i miei schiavi allestivano la tenda per la notte che ci apprestavamo a trascorrere con poco cibo e niente acqua, fui avvicinato da un vecchio che, come noi, era rimasto chiuso fuori.

«"Mio signore", cominciò, "dal tuo aspetto direi proprio che sei un compratore. Se è così, ti voglio offrire il migliore gregge di pecore che ho appena condotto quassù. Purtroppo, la mia buona moglie è molto malata e devo ritornare in tutta fretta. Compra le mie pecore, così i miei schiavi ed io potremo montare sui nostri cammelli e tornare indietro senza perdere tempo".

«Era talmente buio che non riuscivo a vedere il suo gregge, ma dai belati intuivo che doveva essere grande. Avendo sprecato dieci giorni alla ricerca di cammelli che non ero riuscito a trovare, fui felice di combinare l'affare con lui. Nella sua fretta, stabilì un prezzo molto ragionevole che io accettai, ben sapendo che i miei schiavi avrebbero condotto il gregge attraverso le porte della città il mattino seguente, per venderlo ad una cifra più alta.

«Concluso l'affare, chiamai i miei schiavi che mi portassero delle torce per contare il gregge, che il vecchio diceva essere di novecento pecore. Amici, non vi affliggerò con la descrizione della nostra difficoltà nel contare tutte quelle pecore, assetate, irrequiete e ammassate insieme: si dimostrò un'impresa impossibile. Perciò, informai bruscamente il vecchio che le avrei contate alla luce del giorno e che allora lo avrei pagato.

«"Per favore", scongiurò, "pagami i due terzi del prezzo stasera cosicché io possa fare ritorno. Lascerò il mio schiavo più fidato per la conta del mattino: a lui potrai pagare la differenza".

«Ma fui testardo e rifiutai di effettuare il pagamento quella sera. La mattina dopo, prima che io mi svegliassi, aprirono le porte della città e quattro compratori uscirono in cerca di greggi. Erano molto zelanti e pronti a pagare prezzi alti, poiché la città era minacciata da un assedio, ed il cibo non era sufficiente. Il vecchio ottenne per il suo gregge quasi tre volte il prezzo per cui lo aveva offerto a me.

Ecco come mi sono lasciato sfuggire la buona sorte».

«Questa è una storia molto insolita», commentò Arkad, «che cosa ci insegna?».

«Di effettuare subito un pagamento quando abbiamo la certezza che sia un buon affare», suggerì un distinto fabbricante di selle. «Se l'affare è buono, allora abbiamo bisogno di proteggerci dalla nostra stessa debolezza come da chiunque altro. Noi mortali siamo mutevoli, anzi, direi più portati a cambiare idea quando siamo nel giusto, piuttosto che quando abbiamo torto. Quando sbagliamo, siamo testardi davvero. Quando siamo nel giusto, siamo pronti a vacillare e a lasciare che l'occasione ci sfugga. Quindi, per proteggermi dalla mia stessa debolezza, preferisco pagare in modo sollecito e salvarmi da eventuali rimpianti in futuro».

«Grazie! Ancora ho piacere di parlare». Il siriano era di nuovo in piedi. «Queste storie molto simili. Ogni volta occasione vola via per stessa ragione. Ogni volta lei viene da procrastinatore, porta buon piano. Ogni volta loro esitano, non dicono: "Bene, ora momento migliore, io faccio veloce". Come possono uomini fare progresso così?».

«Le tue parole sono sagge, amico mio», rispose il compratore. «In entrambi i casi la fortuna è fuggita dal procrastinatore, tuttavia ciò non è inusuale. In ogni uomo alberga lo spirito del procrastinatore. Desideriamo le ricchezze; eppure spesso, quando si presenta l'opportunità, lo spirito del procrastinatore da dentro ci spinge a non accettare subito. Nel dargli ascolto diventiamo i nostri peggiori nemici.

«Nella mia gioventù non lo riconoscevo con questa lunga parola che il nostro amico siriano ama tanto. All'inizio pensavo che fosse il mio scarso giudizio a causare la perdita di molti affari proficui. In seguito attribuivo la colpa alla mia testardaggine, ma poi, finalmente, lo riconobbi per quello che era: il vizio di rimandare inutilmente quando era necessario agire, agire prontamente e con fermezza. E allora con il rancore di un asino selvatico attaccato al carro, spezzai il giogo di questo nemico del mio successo».

«Grazie! Io piace fare domanda a signor Mercante», disse il siriano. «Tu indossi abiti fini, non come quelli di povero. Tu parli come uomo di successo. Dicci, tu ascolti ora quando procrastinazione sussurra in tuo orecchio?».

«Come il nostro amico compratore, dovetti anch'io riconoscere e conquistare la procrastinazione», rispose il mercante. «Si dimostrò un vero nemico, sempre pronto a ostacolare le mie imprese. La storia che vi ho riferito non è che uno degli esempi che dimostrano come la procrastinazione abbia scacciato le mie occasioni. Non è difficile sconfiggerla, se la riconosci. Nessuno permette ad un ladro di rubare il suo grano, così come nessuno permette ad un concorrente di allontanare i suoi clienti e derubarlo dei suoi guadagni. Una volta, quando mi accorsi che un mio concorrente si stava comportando in questo modo, lo sconfissi con determinazione. Perciò ogni uomo deve dominare il suo spirito di procrastinazione, prima ancora di poter sperare di condividere i ricchi tesori di Babilonia.

«E tu cosa dici, Arkad? Essendo l'uomo più ricco di Babilonia, molti sostengono che sei il più fortunato. Sei d'accordo con me che nessun uomo può raggiungere pienamente il successo finché non ha completamente schiacciato lo spirito procrastinatore che alberga in lui?».

«È proprio come tu dici», ammise Arkad. «Nel corso della mia lunga vita ho osservato generazioni intere marciare sui viali del commercio, della scienza e dell'apprendimento che conducono al successo. A tutti si sono presentate delle occasioni: alcuni le hanno colte e si sono diretti con calma determinazione verso la realizzazione dei loro desideri più profondi, ma la maggioranza ha esitato, sbagliato, ed è rimasta indietro».

Arkad si rivolse al tessitore: «Dal momento che sei stato tu a suggerire di parlare della fortuna, sentiamo la tua opinione sull'argomento».

«Io vedo la fortuna sotto una luce diversa. Pensavo che fosse qualcosa di molto desiderabile, che poteva capitare a qualcuno senza dover fare il benché minimo sforzo. Ora, invece, mi rendo conto che non si tratta di avvenimenti che si possono attirare su si sé. Da questa discussione ho imparato che *per attirare a sé la fortuna, è necessario cogliere le opportunità.* Quindi, in futuro, tenterò di fare del mio meglio quando mi si presenterà l'occasione».

«Hai compreso bene le verità emerse dalla nostra discussione», rispose Arkad, «La fortuna spesso segue l'occasione, ma raramente avviene il contrario. Il nostro amico mercante avrebbe trovato un'immensa fortuna se avesse accettato l'occasione che la buona dea gli aveva presentato. Lo stesso sarebbe accaduto al nostro amico compratore se avesse acquistato quel gregge e lo avesse poi venduto ad un prezzo più alto.

«Lo scopo di questo dibattimento era trovare un modo in cui attirare verso di noi la fortuna e io credo che l'abbiamo trovato. Entrambi i racconti ci hanno illustrato come la buona sorte segue le occasioni. La verità, dunque, è questa: *la fortuna può essere attirata cogliendo le opportunità.*

«Chi è desideroso di afferrare le opportunità attira l'interesse della dea della fortuna, sempre ansiosa di aiutare gli uomini d'azione.

«L'azione vi condurrà al successo che desiderate».

GLI UOMINI D'AZIONE SONO FAVORITI DALLA DEA DELLA FORTUNA.

LE CINQUE LEGGI DELL'ORO

«UNA BORSA piena d'oro o una tavoletta d'argilla con incise sopra parole di saggezza: se voi poteste scegliere, quale delle due scegliereste?».

Alla luce tremolante di un falò di arbusti del deserto, i visi abbronzati di coloro che ascoltavano brillavano di interesse.

«L'oro, l'oro», dissero in coro i ventisette uomini.

Il vecchio Kalabab sorrise e, alzando la mano, cominciò: «Sentite i cani selvatici nella notte? Essi ululano e latrano per la fame. Tuttavia una volta che avrete dato loro del cibo, cosa faranno? Litigheranno e proseguiranno indisturbati senza pensare al domani che sicuramente arriverà.

«Ed è così anche per i figli degli uomini. Se date loro una scelta, tra l'oro e la saggezza: cosa faranno? Ignoreranno la saggezza e dissiperanno l'oro. Il giorno seguente, si lamenteranno, perché non avranno più oro.

«L'oro è riservato a coloro che conoscono le sue leggi e le rispettano».

Kalabab strinse il suo abito bianco intorno alle

gambe magre, perché soffiava il vento freddo della notte.

«Poiché mi avete servito fedelmente durante il nostro lungo viaggio, poiché avete accudito bene i miei cammelli, poiché vi siete trascinati senza lamentarvi attraverso le sabbie roventi del deserto, poiché avete combattuto coraggiosamente i ladri che hanno tentato di depredare la mia mercanzia, stanotte vi racconterò la storia delle cinque leggi dell'oro, una storia che non avete mai sentito prima.

«Prestate molta attenzione alle mie parole perché, se le comprenderete bene, nei giorni che verranno voi otterrete tanto oro».

Fece una pausa. In alto, le stelle brillavano luminose nei cieli cristallini di Babilonia. Dietro il gruppo apparivano in lontananza le loro tende sbiadite, ben fissate contro il pericolo di tempeste del deserto. Accanto alle tende la mercanzia, accatastata ordinatamente, era coperta di pelli. Lì vicino, dei cammelli stavano sparpagliati sulla sabbia, alcuni masticando appagati la loro biada, altri russando rumorosamente.

«Ci hai raccontato delle belle storie, Kalabab», disse il capo imballatore. «Ci auguriamo che la tua saggezza ci guidi in futuro, quando il nostro lavoro con te sarà giunto al termine».

«Vi ho solo raccontato le mie avventure in terre lontane e straniere, ma questa notte vi racconterò della saggezza del ricco Arkad».

«Abbiamo sentito parlare molto di lui», affermò il capo imballatore, «poiché era l'uomo più ricco che sia mai vissuto a Babilonia».

«Era davvero l'uomo più ricco, e proprio perché era saggio nelle cose che riguardano l'oro, quanto non lo è mai stato nessuno prima di lui. Questa notte vi parlerò della sua grande saggezza, così come mi fu raccontata da Nomasir, suo figlio, molti anni fa a Ninive, quando ero solo un ragazzo.

«Il mio padrone ed io ci eravamo avventurati, una notte, nel palazzo di Nomasir. Avevo aiutato il mio padrone a portare dei grossi tappeti preziosi, ciascuno dei quali doveva essere visto da Nomasir finché non avesse scelto i colori più adatti. Alla fine, quando fu molto soddisfatto, ci ordinò di sedere con lui e di bere un raro vino d'annata, profumato e bello caldo per il mio stomaco poco abituato a simili bevande.

«Poi ci raccontò la storia della grande saggezza di Arkad, suo padre, proprio come ve la racconterò ora.

«Come sapete, in Babilonia è consuetudine che i figli di padri facoltosi vivano con i loro genitori in attesa di ereditare il loro patrimonio. Arkad non approvava quest'usanza. Così, quando Nomasir raggiunse la maggiore età, egli mandò a chiamare il giovane e gli disse:

«"Figlio mio, è mio desiderio che tu erediti il mio patrimonio. Prima, però, dovrai dimostrare di essere capace di amministrarlo con saggezza. Pertanto voglio che tu vada in giro per il mondo e dimostri la tua abilità, sia nell'ottenere oro, che nel farti rispettare dagli uomini.

«"Perché tu cominci bene, ti darò due cose che

io stesso da ragazzo non avevo quando cominciai a costruirmi una fortuna dal nulla.

«"Per prima cosa, ti do questa borsa piena d'oro: se lo userai con saggezza, costituirà la base del tuo futuro successo.

«"Poi, ecco questa tavoletta d'argilla con sopra incise le cinque leggi dell'oro. Se le metterai in pratica, esse ti procureranno competenza e sicurezza.

«"Fra dieci anni, tornerai a casa di tuo padre e renderai conto del tuo operato. Se dimostrerai il tuo valore, io farò di te l'erede del mio patrimonio. Altrimenti, lo darò ai sacerdoti perché la mia anima possa ottenere la benevola considerazione degli dei".

«Così, Nomasir partì per la sua strada, prendendo la borsa piena d'oro, la tavoletta d'argilla avvolta con cura in un tessuto di seta, il suo schiavo ed i cavalli per il viaggio.

«Trascorsero i dieci anni e Nomasir, come stabilito, ritornò alla casa del padre, che diede una grande festa in suo onore, alla quale furono invitati molti amici e parenti. Una volta terminata la festa, il padre e la madre si sedettero sulle loro sedie, a forma di trono, su un lato del grande salone, e Nomasir si mise dinanzi a loro per rendere conto di se stesso così come aveva promesso al padre.

«Era sera. La stanza era invasa dal fumo degli stoppini delle lampade ad olio che la illuminavano fiocamente. Gli schiavi, in tuniche di tessuto bianco, muovevano l'aria umida sventolando ritmicamente delle foglie di palma dai lunghi steli. Una dignità ufficiale colorava la scena.

«“Padre”, cominciò con deferenza, “mi inchino di fronte alla tua saggezza. Dieci anni fa, quando ero alle porte dell’età adulta, mi hai fatto andare per la mia strada per diventare un uomo tra gli uomini, anziché rimanere un vassallo della tua fortuna.

«“Mi hai donato generosamente il tuo oro e la tua saggezza. Dell’oro, ahimé, devo ammettere un’amministrazione disastrosa. Infatti è sfuggito dalle mie mani inesperte come una lepre selvatica che, alla prima occasione, scappa dal ragazzo che l’ha catturata”.

«Il padre sorrise con indulgenza. “Continua, figlio mio, il tuo racconto mi interessa in ogni suo dettaglio”.

«“Decisi di andare a Ninive, poiché era una città in espansione, sperando di potervi trovare delle occasioni. Mi unii ad una carovana e mi feci numerosi amici tra i suoi membri. Tra questi c’erano due uomini distinti che possedevano uno splendido cavallo bianco, veloce come il vento.

«“Mentre eravamo in viaggio, mi confidarono che a Ninive c’era un uomo molto ricco che possedeva un cavallo talmente veloce da non essere mai stato superato da nessun altro cavallo. Il suo proprietario era convinto che nessun cavallo potesse essere più veloce del suo e avrebbe scommesso qualsiasi somma che il suo campione avrebbe battuto in velocità qualsiasi cavallo in tutta Babilonia. Paragonato al loro cavallo, dissero i miei amici, quello non era che un povero asino, da battere facilmente.

«"Mi offrirono, come grande favore, l'occasione di unirmi a loro nella scommessa. Ero molto entusiasta di quel piano.

«"Il nostro cavallo fu sconfitto ed io persi gran parte del mio oro". Il padre rise. "Più tardi, scoprii che era una truffa organizzata da quegli uomini, che viaggiavano sempre con le carovane alla ricerca di nuove vittime. L'uomo di Ninive era loro consigliere e divideva con loro le scommesse che vinceva. Questo astuto imbroglio mi insegnò la prima lezione su come badare a me stesso.

«"Ne imparai presto un'altra, ugualmente amara. Nella carovana c'era un altro giovane con il quale strinsi amicizia. Era il figlio di genitori ricchi e, come me, si recava a Ninive per trovare una sistemazione adeguata. Poco dopo il nostro arrivo, mi disse che era morto un mercante e che il suo negozio, insieme alla merce e alla clientela, era disponibile ad una cifra irrisoria. Dicendo che saremmo stati soci alla pari, ma che prima avrebbe dovuto tornare a Babilonia per mettere al sicuro il suo oro, mi convinse ad acquistare la merce con il mio, pattuendo che il suo sarebbe poi stato impiegato per proseguire nella nostra impresa.

«"Rimandò a lungo il viaggio a Babilonia, dimostrando nel frattempo di essere un acquirente incauto e spendaccione. Alla fine lo estromisi, ma ormai gli affari si erano deteriorati a tal punto che avevamo soltanto della merce invendibile, senza più oro per comprarne dell'altra. Sacrificai ciò che era rimasto ad un israeliano per una misera somma.

«"I giorni che seguirono, padre, furono amari:

cercai un impiego e non lo trovai, poiché ero senza mestiere né pratica che mi permettessero di guadagnare. Vendetti i cavalli, lo schiavo e gli abiti che non mi servivano per procurarmi del cibo e un luogo in cui dormire, ma ogni giorno la miseria si avvicinava sempre di più.

«"Ciononostante, in quei giorni amari, ricordai la fiducia che riponevi in me, padre. Mi avevi mandato nel mondo per diventare un uomo, e questo io lo desideravo davvero". La madre nascose il viso e pianse silenziosamente.

«"A quel punto mi ricordai della tavoletta che mi avevi dato, sulla quale erano incise le cinque leggi dell'oro. Quindi lessi con molta attenzione le tue parole di saggezza e mi resi conto che, se avessi cercato prima la saggezza, il mio oro non sarebbe andato perduto. Imparai a memoria ogni legge e stabilii che, se la dea della fortuna mi avesse sorriso un'altra volta, io sarei stato guidato dalla saggezza dell'età e non dall'inesperienza della giovinezza.

«"A beneficio di voi che questa sera siete qui riuniti, leggerò la saggezza di mio padre come era incisa sulla tavoletta d'argilla che mi donò dieci anni fa:

LE CINQUE LEGGI DELL'ORO

I. L'oro arriva facilmente e in modo crescente a chiunque metta da parte non meno di un decimo dei suoi guadagni per creare un capitale per il suo futuro e per quello della sua famiglia.

II. L'oro lavora diligentemente per il saggio padrone che lo impiega in modo proficuo, moltiplicandosi così come le greggi al pascolo.

III. L'oro è sotto la protezione del padrone previdente, che lo investe affidandosi al consiglio di uomini saggi nell'amministrarlo.

IV. L'oro fugge dall'uomo che lo investe in imprese che non gli sono familiari o che non sono approvate da coloro che sono abili nel suo mantenimento.

V. L'oro abbandona l'uomo che lo vuole forzare a guadagni impossibili, che segue i consigli allettanti dei truffatori, o che si fida della propria inesperienza e dei suoi vani desideri di investimento.

«"Queste sono le cinque leggi dell'oro, così come furono scritte da mio padre. Posso affermare che valgono più dell'oro stesso, come vi dimostrerò con il seguito della mia storia".

«Riprese a rivolgersi al padre. "Vi ho detto della povertà e della disperazione nelle quali ero caduto per via della mia inesperienza.

«"Comunque, c'è una fine per tutto. La fine della mia situazione arrivò quando trovai un impiego assumendo il compito di dirigere una squadra di schiavi nella costruzione del nuovo muro perimetrale della città.

«"Approfittando della mia conoscenza della

prima legge dell'oro, risparmiai una moneta di rame dai miei primi guadagni, aggiungendone un'altra quando mi era possibile, fino ad ottenere un pezzo d'argento. Era una procedura lenta, perché dovevo anche vivere. Spendevo malvolentieri, lo ammetto, perché ero deciso a guadagnare, prima che fossero trascorsi i dieci anni, tanto oro quanto mi avevi dato, padre.

«"Un giorno, il capo degli schiavi, del quale ero divenuto abbastanza amico, mi disse: 'Tu sei un giovane risparmiatore che spende quello che guadagna solo per necessità. Hai dell'oro messo da parte che non produce?'.

«"'Sì', risposi, 'il mio più grande desiderio consiste nell'accumulare dell'oro che rimpiazzi quello che mio padre mi aveva dato e che ho perso'.

«"'È una nobile ambizione, lo riconosco, ma sai che l'oro che hai risparmiato può lavorare per te e farti guadagnare molto più oro?'.

«"'Ahimè! La mia esperienza è stata amara, poiché l'oro di mio padre è svanito e ho molto paura che succeda la stessa cosa al mio'.

«"'Se ti fidi di me, ti consiglierò come far fruttare il tuo oro', rispose. 'Entro un anno il muro perimetrale sarà completato e pronto per l'installazione delle grandi porte di bronzo ad ogni entrata per proteggere la città dai nemici del re. In tutta Ninive non c'è abbastanza metallo per fabbricare queste porte, e il re non ha pensato a provvedervi. Questo è il mio piano: alcuni di noi raccoglieranno il nostro oro e manderanno una carovana alle miniere di rame e di stagno, che sono lontane, portando poi il metallo per le porte a Ninive. Quando il re ordinerà di costruire le grandi porte, solo noi potremo fornire il metallo e ci pagherà un buon prezzo. Se il re non comprerà da noi, rimarremo comunque con il metallo, che potremo rivendere ad un prezzo ragionevole'.

«"Nella sua offerta riconobbi un'occasione per seguire la terza legge ed investire i miei risparmi sotto la guida di chi era più saggio. Non ne fui deluso: la nostra società fu un successo, e la mia piccola scorta di oro crebbe enormemente grazie a questa transazione.

«"Con il tempo, fui accettato come membro di questo stesso gruppo per altre imprese. Quegli uomini sapevano gestire l'oro con saggezza e profitto: discutevano ogni progetto che si presentava con grande cura, prima di parteciparvi. Non avrebbero corso il rischio di perdere il loro capitale o di vincolarlo in un investimento non proficuo, dal quale non potesse essere recuperato. Imprese irragionevoli, come le corse di cavalli e la società nella quale mi ero buttato con la mia inesperienza, avrebbero avuto una scarsa considerazione da parte loro. Avrebbero immediatamente individuato i punti deboli.

«"Grazie alla mia associazione con queste persone, imparai ad investire con sicurezza l'oro, con la garanzia di trarne degli interessi proficui. Con il passare degli anni, il mio tesoro incrementò sempre più rapidamente. Non solo recuperai quanto avevo perduto, ma ne accumulai molto di più.

«"Nel corso delle mie disavventure, dei miei

tentativi e del mio successo, ho messo alla prova, di volta in volta, la saggezza delle cinque leggi dell'oro, padre, dimostrando sempre il loro valore. L'oro non visita spesso chi non conosce queste cinque leggi, e lo abbandona rapidamente. Ma a colui che segue le cinque leggi dell'oro, l'oro arriva, e lavora per lui come suo schiavo fedele".

«Nomasir smise di parlare e fece un cenno ad uno schiavo, che si trovava in fondo alla sala. Lo schiavo portò, una alla volta, tre pesanti borse di pelle. Nomasir ne afferrò una e la posò sul pavimento davanti a suo padre dicendogli:

«"Mi avevi dato una borsa piena d'oro, oro di Babilonia. Al suo posto ti restituisco una borsa piena d'oro di Ninive dello stesso peso. Uno scambio equo, come tutti potranno dire.

«"Mi avevi dato una tavoletta d'argilla incisa di saggezza. Al suo posto, ti dono due borse piene d'oro". Così dicendo, prese dallo schiavo le altre due borse e, allo stesso modo, le posò sul pavimento davanti a suo padre.

«"Questo per dimostrarti, padre, quanto per me valga di più la tua saggezza in confronto al tuo oro. Tuttavia, chi può misurare in sacchi d'oro il valore della saggezza? Senza la saggezza, chi possiede l'oro lo perde rapidamente; con la saggezza, invece, chi non possiede oro lo può ottenere, come dimostrano questi tre sacchi d'oro.

«"Per me è una grande soddisfazione, padre, essere qui di fronte a te e dire che, grazie alla tua saggezza, sono stato capace di diventare ricco e rispettato tra gli uomini".

«Il padre pose con benevolenza la mano sul capo di Nomasir. "Hai imparato bene la tua lezione, sono veramente fortunato ad avere un figlio al quale posso affidare le mie ricchezze"».

Kalabab terminò il suo racconto e osservò i suoi ascoltatori con sguardo interrogativo.

«Cosa significa per voi la storia di Nomasir?», continuò.

«Chi di voi è in grado di presentarsi al proprio padre o al padre della propria moglie e rendere conto della buona amministrazione dei suoi beni?

«Cosa penserebbero questi gentili uomini se voi diceste: "Ho viaggiato tanto, ho imparato tanto, ho lavorato tanto e guadagnato tanto, eppure, purtroppo, di oro ne ho poco. Ne ho speso un po' con saggezza, un po' con sconsideratezza e ne ho perso molto".

«Pensate ancora che sia un'incoerenza del fato che alcuni uomini posseggano molto oro e altri non ne abbiano per nulla? Allora vi sbagliate. Gli uomini hanno molto oro quando conoscono le cinque leggi dell'oro e le rispettano.

«Dopo aver imparato queste leggi in gioventù e averle seguite, sono diventato un ricco mercante. Non ho fatto fortuna grazie a strane magie.

«La ricchezza acquisita velocemente, scompare altrettanto velocemente.

«La ricchezza che rimane per dare gioia e soddisfazione al suo proprietario, arriva gradualmente, perché nasce dalla conoscenza e dalla determinazione costante.

«Acquisire ricchezza, per l'uomo sollecito, è un

lieve fardello. Portare questo peso costantemente, anno dopo anno, realizza l'obiettivo finale.

«Le cinque leggi dell'oro vi offrono una ricca ricompensa per averle osservate.

«Ciascuna di queste cinque leggi è ricca di significato e, se voi l'aveste trascurate nella brevità del mio racconto, ve le ripeterò ancora. Le conosco tutte a memoria perché, in gioventù, ne ho capito il valore e non sono stato soddisfatto finché non le ho imparate parola per parola:

La prima legge dell'oro

L'oro arriva facilmente e in modo crescente a chiunque metta da parte non meno di un decimo dei suoi guadagni per creare un capitale per il suo futuro e per quello della sua famiglia.

«Chiunque metta regolarmente da parte un decimo dei suoi guadagni e lo investa con saggezza, creerà un capitale futuro per sé e garantirà alla sua famiglia un avvenire sicuro nel caso gli dei lo chiamassero nel mondo delle tenebre. Questa legge dice anche che l'oro arriva facilmente a colui che si comporta così. Posso confermarlo con la mia vita. Più oro accumulo, più ne ricevo, e in modo crescente. L'oro che risparmio me ne procura dell'altro, e i suoi guadagni danno altri guadagni: ecco come funziona la prima legge».

La seconda legge dell'oro

L'oro lavora diligentemente per il saggio padrone che lo impiega in modo proficuo, moltiplicandosi così come le greggi al pascolo.

«L'oro è proprio un ottimo lavoratore, sempre desideroso di moltiplicarsi quando si presenta l'occasione. A chiunque abbia messo da parte dell'oro, si presentano le occasioni per poterlo sfruttare nel modo più proficuo. Con il passare degli anni, esso si moltiplica in modo sorprendente».

La terza legge dell'oro

L'oro è sotto la protezione del padrone previdente che lo investe affidandosi al consiglio di uomini saggi nell'amministrarlo.

«L'oro si attacca al proprietario attento, così come fugge dal proprietario sconsiderato. Colui che cerca consiglio da chi è capace di gestire l'oro impara presto a non mettere in pericolo il suo tesoro, ma a tenerlo al sicuro e a vederlo crescere con gioia».

La quarta legge dell'oro

L'oro fugge dall'uomo che lo investe in imprese che non gli sono familiari o che non sono approvate da coloro che sono abili nel suo mantenimento.

«All'uomo che possiede l'oro, ma che non è capace di gestirlo, molti modi in cui impiegarlo appaiono particolarmente redditizi. Spesso, però, sono investimenti pericolosi, e, se adeguatamente analizzati da chi è più esperto, si rivelano poco promettenti. Quindi, l'inesperto possessore d'oro che si fida del proprio giudizio e lo investe in imprese che non gli sono familiari, molto spesso scopre che il suo giudizio è sbagliato, e paga la sua inesperienza con il suo stesso tesoro. Saggio è colui che investe i suoi tesori dietro il consiglio di chi è più esperto nella gestione dell'oro».

La quinta legge dell'oro

L'oro abbandona l'uomo che lo vuole forzare a guadagni impossibili, che segue i consigli allettanti dei truffatori, o che si fida della propria inesperienza e dei suoi vani desideri di investimento.

«Il nuovo possessore d'oro riceverà sempre delle proposte fantasiose ed eccitanti come un'avventura. Queste sembrano dotare il suo tesoro di poteri magici, che gli permetteranno di realizzare guadagni impossibili. Date ascolto ai saggi: essi conoscono davvero i rischi che si nascondono dietro ogni piano che promette grandi e improvvise ricchezze.

«Non dimenticate gli uomini ricchi di Ninive, che non avrebbero corso il rischio di perdere il loro capitale, né lo avrebbero impegnato in investimenti non proficui.

«Questo conclude la mia storia delle cinque leggi dell'oro. Raccontandovela, vi ho rivelato i segreti del mio stesso successo.

«Tuttavia, non si tratta di segreti, ma di verità che ogni uomo prima deve imparare e poi seguire, se desidera uscire dalla moltitudine che, come i cani selvaggi, si preoccupa tutti i giorni del cibo da mangiare.

«Domani entriamo a Babilonia. Guardate! Ecco la fiamma eterna che brucia sul tempio di Bel! Siamo già in vista della città dorata. Domani, ciascuno di voi riceverà dell'oro, l'oro che avete così ben guadagnato per i vostri fedeli servigi.

«Tra dieci anni a partire da questa notte, cosa potrete dire di quest'oro? Se qualcuno tra voi, come Nomasir, userà una parte del suo oro per iniziare un capitale per se stesso e perciò essere guidato dalla saggezza di Arkad, tra dieci anni, senza ombra di dubbio, egli sarà ricco e rispettato dagli uomini, come il figlio di Arkad.

«Le nostre azioni sagge ci accompagneranno per tutta la vita per farci piacere e per aiutarci, allo stesso modo in cui, sicuramente, saremo tormentati dalle nostre azioni imprudenti. Ahimè, queste ultime non sono facili da dimenticare. Al primo posto tra i tormenti che ci perseguitano, sono i ricordi di ciò che avremmo dovuto fare, delle occasioni che ci si sono presentate e che ci siamo lasciati sfuggire.

«Ricchi sono i tesori di Babilonia, così ricchi che nessuno può stabilire il loro valore in pezzi d'oro. Ogni anno, il loro valore cresce. Come i tesori di qualsiasi terra, essi sono una ricompensa, una ricca ricompensa che attende gli uomini determinati, decisi ad assicurarsene la parte che meritano.

«Nella forza dei vostri stessi desideri c'è un potere magico. Guidate questa forza con la vostra conoscenza delle cinque leggi dell'oro e condividerete i tesori di Babilonia».

IL PRESTASOLDI DI BABILONIA

CINQUANTA pezzi d'oro! Mai prima d'ora Rodan, il fabbricante di lance dell'antica Babilonia, aveva avuto tanto oro nella sua borsa di cuoio. Stava camminando allegramente per la strada reale, che partiva dal palazzo di sua maestà. L'oro tintinnava nella borsa attaccata alla sua cinta e dondolante ad ogni suo passo: la musica più dolce che egli avesse mai sentito.

Cinquanta pezzi d'oro! Era tutto suo! Non riusciva quasi a credere alla sua fortuna. Quanto potere c'era in quei dischi tintinnanti. Potevano procurargli qualunque cosa volesse: una grande casa, della terra, del bestiame, dei cammelli, dei cavalli, dei carri... tutto ciò che poteva desiderare.

Che uso ne avrebbe fatto? Quella sera, mentre svoltava in una strada secondaria verso la casa di sua sorella, non riusciva a pensare di aver desiderato qualcosa più di quell'oro scintillante e pesante e che ora era tutto suo.

Alcuni giorni più tardi, Rodan entrò perplesso nel negozio di Mathon, prestaoro e mercante di gioielli e tessuti rari. Ignorando la merce colorata disposta ad arte sia a destra che a sinistra, si recò nel retro, dove trovò il nobile Mathon, disteso su un tappeto, che cenava servito da uno schiavo nero.

«Vorrei chiederti un consiglio, perché non so cosa fare». Rodan rimase in piedi a gambe larghe, con il petto villoso visibile da un'apertura della sua giacca di pelle.

Il viso stretto e giallastro di Mathon gli sorrise, accogliendolo amichevolmente. «Chissà quali imprudenze avrai commesso per dover chiedere aiuto al prestaoro. Sei stato sfortunato al tavolo da gioco? O forse qualche donna ti ha incastrato? Ti conosco da molti anni, eppure non hai mai cercato il mio aiuto per i tuoi problemi».

«No, no, niente di tutto questo. Non cerco oro. Desidero invece il tuo saggio consiglio».

«Ma senti un po' cosa dice quest'uomo! Nessuno viene da un usuraio per ricevere consigli. Le mie orecchie devono avermi ingannato».

«Hanno sentito bene».

«Incredibile davvero! Rodan, il fabbricante di lance, si mostra più furbo di tutti gli altri, poiché viene da Mathon per ricevere non oro, ma consigli. Molti uomini vengono da me per pagare le proprie follie, ma di consigli non ne vuole nessuno. Tuttavia, chi è migliore nel dare consigli, se non il prestaoro, da cui vanno molti uomini per risolvere i loro problemi?

«Mangerai con me, Rodan», continuò. «Questa sera sarai mio ospite. Ando!», ordinò al suo schiavo, «Porta un tappeto per il mio amico Rodan, il fabbricante di lance che viene a chiedere consiglio.

Sarà mio ospite. Portagli cibo in abbondanza e procuragli la mia coppa più grande. Scegli il vino migliore, che gli sia ben gradito.

«Ora, raccontami che cosa ti preoccupa».

«È il dono del re».

«Il dono del re? Il re ti ha fatto un regalo che ti dà dei pensieri? Che tipo di dono?».

«Essendo molto contento del disegno che gli ho sottoposto per una nuova punta sulle lance della guardia reale, mi ha offerto cinquanta pezzi d'oro, ed ora sono in difficoltà. Ogni ora che il sole attraversa il cielo sono perseguitato da quelli che lo vorrebbero condividere con me».

«È naturale. Sono più numerosi gli uomini che desiderano l'oro di quanti lo possiedono, e vogliono dividerlo con chi ne ha avuto facilmente. Ma non puoi dire "No"? Forse la tua volontà non è forte come il tuo pugno?».

«A molti posso dire di no, ma a volte sarebbe più facile accettare. Come posso rifiutarmi di condividere il mio oro con la mia unica sorella, alla quale sono profondamente legato?».

«Sicuramente la tua unica sorella non vorrà impedirti di godere della tua ricompensa».

«Ma si tratta di Araman, suo marito, che lei vorrebbe vedere diventare un ricco mercante. Lei pensa che non gli si sia mai presentata l'occasione giusta e insiste che io gli presti quest'oro, perché possa trasformarsi in un ricco mercante per poi ripagarmi con i suoi profitti».

«Amico mio», riprese Mathon, «quello che mi presenti è un argomento di cui vale la pena parlare. L'oro riveste il suo possessore di responsabilità e ne cambia la posizione nei confronti dei suoi cari. Suscita in lui il timore di perderlo o di essere truffato. Produce una sensazione di potere e di capacità di fare del bene. Allo stesso modo, gli procura delle occasioni in cui le sue ottime intenzioni lo mettono in difficoltà.

«Hai mai sentito parlare del contadino di Ninive che capiva il linguaggio degli animali? Te lo chiedo perché non è il tipo di storie che gli uomini come te si raccontano in fonderia, davanti alla fornace del bronzo. Te la racconterò per insegnarti che, nel prendere in prestito e nel prestare, c'è qualcosa di più del semplice passaggio di oro da una mano all'altra.

«Questo contadino, che riusciva a capire cosa si dicevano gli animali tra di loro, ogni giorno, verso sera, passeggiava nel cortile della fattoria per ascoltarli. Una volta sentì il bue che si lamentava con l'asino delle fatiche a cui era destinato: "Non faccio altro che trascinare l'aratro dal mattino alla sera. Non importa quanto faccia caldo durante il giorno, o quanto siano stanche le mie zampe, o quanto il giogo stringa il mio collo, devo continuare a lavorare. Tu, invece, sei una creatura da riposo. Ti mettono una coperta colorata e non fai altro che trasportare il nostro padrone ovunque egli desideri andare. Quando non deve andare da nessuna parte, ti riposi e pascoli tutto il giorno".

«L'asino, nonostante i suoi zoccoli pericolosi, era buono di natura e provò compassione per il bue: "Mio caro amico", rispose, "tu lavori molto duramente e vorrei aiutarti ad alleggerire il tuo compito. Quindi ti dirò come fare per ottenere un giorno di riposo. Al mattino, quando lo schiavo verrà a prenderti per portarti all'aratro, sdraiati al suolo e muggisci molto, perché pensi che sei malato e che non puoi lavorare".

«Il bue accettò il consiglio dell'asino e, il mattino seguente, lo schiavo tornò dal contadino e gli disse che il bue era malato e che non poteva trascinare l'aratro.

«"Allora", disse il contadino, "attacca l'asino all'aratro perché il lavoro deve continuare".

«Così l'asino, la cui intenzione era solamente quella di aiutare il suo amico, si ritrovò obbligato a fare il lavoro del bue per tutto il giorno. Quando arrivò la notte e fu liberato dal giogo, il suo cuore era afflitto, le sue zampe erano stanche ed il collo doleva dove il giogo lo aveva ferito.

«Il contadino si fermò nel cortile per ascoltare.

«Il bue cominciò per primo. "Sei un buon amico. Grazie al tuo saggio consiglio, ho goduto di un giorno di riposo".

«"Io invece", ribatté l'asino, "sono come tanti altri, semplici di cuore, che cominciano con l'aiutare un amico e finiscono per fare il lavoro per lui. D'ora in avanti tira il tuo aratro, poiché ho sentito il padrone dire allo schiavo di mandare a chiamare il macellaio se tu fossi stato ancora malato. E spero che lui lo faccia davvero, perché sei pigro". Da allora non si parlarono più; e così ebbe fine la loro amicizia. Riesci a capire la morale di questa favola, Rodan?».

«È una bella storia», rispose Rodan, «ma non ne vedo una morale».

«Lo immaginavo, ma c'è ed è molto semplice: se desideri aiutare un tuo amico, fallo in modo da non addossarti i suoi problemi».

«Non ci avevo pensato. È una morale molto saggia. Non desidero addossarmi i problemi del marito di mia sorella. Ma dimmi, tu che presti denaro a molti: coloro che prendono in prestito, restituiscono i loro debiti?».

Mathon sorrise, con lo sguardo di colui che ha molta esperienza. «Un prestito potrebbe essere ben fatto se colui che riceve il denaro non può restituirlo? Il prestasoldi non deve forse giudicare attentamente se l'oro che presta è in grado di rendere un buon servizio a colui che lo prende in prestito in modo che poi gli venga restituito; o se sarà sprecato da uno incapace di usarlo saggiamente che, rimasto senza il suo tesoro, non sarà più in grado di ripagare il suo debito? Ti mostrerò i pegni del mio scrigno delle promesse e lascerò che essi ti raccontino alcune delle loro storie».

Portò nella stanza un cofanetto coperto di pelle di maiale rossa decorata con disegni in bronzo. Lo appoggiò sul pavimento e vi si inginocchiò davanti con le mani appoggiate sul coperchio.

«A ciascuna persona a cui faccio un prestito chiedo un pegno per il mio scrigno, in cui rimarrà fino a quando il prestito non sarà restituito. Quando pagano, lo restituisco; ma, se non lo fanno, esso mi ricorderà sempre chi ha tradito la mia fiducia.

«I prestiti più sicuri, come dimostra il mio scrigno, sono quelli effettuati a coloro i cui beni hanno più valore del prestito che desiderano. Essi posseggono terre, gioielli, cammelli o altre cose che potrebbero essere vendute per ripagare il loro prestito. Alcuni di questi pegni sono gioielli il cui valore supera il prestito stesso. Altri sono promesse che, se il prestito non sarà restituito come pattuito, essi mi consegneranno una certa proprietà in risarcimento. Con questi prestiti sono sicuro che il mio oro sarà restituito con gli interessi, poiché il prestito è basato sulla proprietà.

«C'è un'altra categoria di persone che può guadagnare. Come te, lavorano o prestano servizio e sono pagati. Hanno un'entrata garantita e, se sono onesti e non hanno sfortuna, anch'essi potranno restituire l'oro che io presto loro e l'interesse a cui ho diritto. Questi prestiti sono basati sullo sforzo umano.

«Poi ci sono quelli che non hanno né proprietà, né una comprovata capacità di guadagno. La vita è dura e ci sarà sempre qualcuno che non riesce ad adeguarsi ad essa. Per quanto riguarda i prestiti che io faccio loro, anche se non sono maggiori di un soldo, il mio scrigno delle promesse può ricordarmi di non ripeterli negli anni a venire, a meno che non siano garantiti da buoni amici che affermino che colui che li chiede in prestito è un uomo d'onore».

Mathon tolse il lucchetto ed aprì il coperchio. Rodan si chinò in avanti incuriosito.

La prima cosa che comparve era una collana di bronzo, appoggiata su una stoffa scarlatta. Mathon la sollevò e la accarezzò con affetto. «Questa rimarrà per sempre nel mio scrigno, perché il suo proprietario ormai è scomparso nel regno delle tenebre. Ne faccio tesoro in suo ricordo, poiché era un mio buon amico. Eravamo stati soci in affari con enorme successo, fino a quando portò da Oriente una donna da sposare, bellissima, ma non quanto le nostre donne. Una creatura affascinante. Per soddisfare i suoi desideri egli sperperò il suo oro. Quando l'ebbe terminato venne da me disperato. Parlammo insieme, quindi gli dissi che l'avrei aiutato a riprendere i suoi affari. Mi giurò solennemente che ci sarebbe riuscito, ma purtroppo le cose andarono diversamente. Durante una lite, lei lo accoltellò al cuore, che lui stesso l'aveva sfidata a trafiggere».

«Che ne è stato di lei?», domandò Rodan.

«Sì, certamente, questa collana apparteneva a lei». Sollevò la stoffa scarlatta. «Per il grande rimorso si gettò nell'Eufrate. Questo pegno non sarà mai riscattato.

«Ecco un'altra cosa, diversa questa volta». Afferrò un anello intagliato di osso di bue. «Appartiene ad un contadino, dal quale acquisto i tappeti intessuti dalle sue donne. Arrivarono le locuste e non ebbero più cibo. Lo aiutai e, quando ci fu il nuovo raccolto, mi ripagò. In seguito ritornò da me e mi raccontò che un viaggiatore gli aveva descritto delle strane capre che vivevano in una terra lontana, con un pelo lungo di una bellezza e una morbidezza tale che con esso si sarebbero potuti realizzare dei tappeti raffinatissimi, come non se ne erano mai visti in Babilonia. Voleva acquistarne una mandria, ma non aveva i soldi. Dunque gli prestai l'oro per il viaggio e per riportare indietro le capre. Ora la sua mandria si sta ingrandendo e il prossimo anno sorprenderò i nobili di Babilonia con i tappeti più costosi che abbiano mai avuto la fortuna di comprare. Presto dovrò restituire questo anello. Egli insiste nel ripagare con sollecitudine».

«Chi riceve il prestito, di solito, ripaga il suo debito in breve tempo?», domandò Rodan.

«Se lo scopo del prestito è quello di guadagnare altri soldi, vedo che lo fanno. Ma se il prestito è motivato dalle proprie imprudenze, bisogna essere cauti e assicurarsi di riavere il proprio oro».

«Raccontami di questo», disse Rodan, raccogliendo un pesante bracciale d'oro incastonato di pietre preziose di rara fattura.

«Vedo che le donne ti interessano, mio buon amico», lo canzonò Mathon.

«Sono ben più giovane di te», ribatté Rodan.

«Te lo concedo, ma questa volta tu sospetti del romanticismo dove non c'è. La proprietaria di questo è grassa e piena di rughe e parla così tanto, dicendo quasi nulla, che mi fa impazzire. Una volta la sua famiglia possedeva molti soldi ed erano miei buoni clienti, ma hanno dovuto affrontare tempi duri. Ha un figlio che vorrebbe far diventare un mercante. Perciò mi chiese in prestito dell'oro che gli permettesse di entrare in società con il proprietario di una carovana, che viaggiava con i cammelli e scambiava in una città ciò che acquistava in un'altra.

«Quest'uomo si rivelò un imbroglione, poiché abbandonò il povero ragazzo in una città lontana senza soldi e senza amici, mentre dormiva ancora. Forse, quando sarà diventato un uomo, mi ripagherà; fino ad allora, non ottengo interessi dal mio prestito, ma solo molte parole. Ammetto, però, che le pietre preziose valgono il prestito».

«Questa donna non ti aveva chiesto un consiglio sulla saggezza di quel prestito?».

«Tutt'altro: già immaginava suo figlio come un ricco e potente uomo di Babilonia. Suggerire il contrario sarebbe valso solo a farla infuriare. Mi diede una bella strigliata. Conoscevo il rischio che correva quel ragazzo inesperto, ma poiché lei mi forniva una garanzia, non potevo rifiutare.

«Questo», continuò Mathon, sventolando un pezzo di corda annodato, «appartiene a Nebatur, il commerciante di cammelli. Quando vuole comprare una mandria di valore superiore ai suoi fondi, mi porta questo nodo ed io gli concedo il prestito a seconda delle sue esigenze. È un saggio commerciante. Io mi fido del suo buon giudizio e posso concedergli liberamente dei prestiti. Molti altri mercanti di Babilonia godono della mia fiducia, grazie al loro comportamento onorevole. I loro pegni vanno e vengono frequentemente nel mio scrigno».

Mathon estrasse dallo scrigno uno scarabeo inciso su un turchese e lo lanciò con disprezzo sul pavimento. «Un insetto dall'Egitto. A colui che lo possiede non importa se avrò mai indietro il mio oro. Quando lo rimprovero, egli risponde: "Come posso pagarti finché sono perseguitato dalla sfortuna? Tu ne hai molto altro". Cosa posso fare? Il pegno è di suo padre: un degno uomo di pochi mezzi che ha impegnato la sua terra e il suo bestiame per sostenere le imprese di suo figlio. Il giovane in un primo momento trovò il successo, ma poi fu troppo ansioso di guadagnare grandi ricchezze. La sua conoscenza era acerba e le sue imprese sono fallite.

«La gioventù è ambiziosa. La gioventù prenderebbe delle scorciatoie per la ricchezza e le cose desiderabili che essa rappresenta. Per assicurarsi subito la ricchezza, i giovani spesso prendono in prestito sconsideratamente. La gioventù, non avendo mai avuto esperienza, non può rendersi conto che un debito senza speranza è come un burrone profondo in cui si può cadere rapidamente e dove ci si affanna invano per giorni. È un burrone di tristezze e rimpianti dove la luce del sole è nascosta e la notte è resa infelice dal sonno agitato. Tuttavia io non scoraggio dal prendere in prestito l'oro, anzi se si tratta di uno scopo saggio lo raccomando. Io stesso devo il mio primo successo come mercante ad oro preso in prestito.

«Ma allora, cosa dovrebbe fare un prestasoldi in un caso simile? Il giovane è disperato e non ottiene nulla, è scoraggiato e non si sforza di ripagare. Il mio cuore è contrario a privare il padre della sua terra e del suo bestiame».

«Tu mi dici cose di grande interesse», cominciò Rodan, «però non ho avuto risposta alla mia domanda. Dovrei prestare i miei cinquanta pezzi d'oro al marito di mia sorella? Essi significano molto per me».

«Tua sorella è una donna schietta che io stimo molto. Se suo marito dovesse venire da me e chiedere in prestito cinquanta pezzi d'oro, io gli domanderei che impiego ne farebbe.

«Se rispondesse che desidera diventare un mercante come me e commerciare in gioielli ed arredi lussuosi, gli direi: "Che conoscenze hai del mondo degli affari? Sai dove acquistare al prezzo più basso? E dove vendere ad un buon prezzo?". Sarebbe in grado di rispondere "Sì" a queste domande?».

«No», ammise Rodan. «Mi ha aiutato molto a fabbricare lance e ha lavorato anche nelle botteghe».

«Allora gli direi che il suo scopo non è saggio. I mercanti devono imparare il proprio mestiere. La sua ambizione, benché degna, non è pratica ed io non gli presterei alcun oro.

«Ma supponiamo che potesse dire: "Sì, ho aiutato molti mercanti. Io so come viaggiare fino a Smirne e comprare a basso prezzo i tappeti che le donne di casa intessono. Conosco anche molti degli uomini ricchi di Babilonia ai quali posso venderli con un buon profitto". Allora gli direi: "Il tuo scopo è saggio e la tua ambizione onorevole. Sarò felice di prestarti i cinquanta pezzi d'oro se mi puoi garantire che verranno restituiti". Ma se egli rispondesse: "Io non ho altra garanzia oltre al fatto di essere un uomo d'onore, e ti pagherò bene per il prestito". Allora gli risponderei: "Io conservo con cura ogni pezzo d'oro. Se i ladri dovessero portartelo via durante il tuo viaggio a Smirne o rubarti i tappeti durante il tuo ritorno, non avresti i mezzi per ripagarmi ed il mio oro sarebbe svanito".

«Vedi Rodan, l'oro è la merce del prestasoldi. È facile da prestare. Se lo si presta sconsideratamente, poi è difficile riaverlo indietro. Il saggio prestasoldi non desidera il rischio dell'impresa ma la garanzia della sicura restituzione.

«È bene», continuò, «aiutare chi ha dei problemi, è bene aiutare chi è stato colpito dalla sventura. È bene aiutare chi sta cominciando, affinché possa progredire e diventare un buon cittadino. Ma l'aiuto deve essere dato con saggezza, altrimenti, come l'asino del contadino, con il nostro desiderio di aiutare non facciamo altro che addossarci il fardello che appartiene ad un altro.

«Mi sono discostato ancora dalla tua domanda, Rodan, ma ascolta la mia risposta: conserva i tuoi cinquanta pezzi d'oro. Ciò che il tuo lavoro ti fa guadagnare e quello che ti viene dato per ricompensa è tuo e nessuno può obbligarti a separartene, a meno che non sia tu a desiderarlo. Se vuoi prestarlo perché ti possa procurare altro oro, prestalo con attenzione ed in vari posti. Non amo l'oro pigro, ma nemmeno i grandi rischi.

«Quanti anni hai lavorato come fabbricante di lance?».

«Tre anni interi».

«Quanto hai risparmiato oltre al dono del re?».

«Tre pezzi d'oro».

«Ogni anno di lavoro ti sei negato le buone cose per risparmiare dai tuoi guadagni un pezzo d'oro?».

«È come tu dici».

«Allora, in cinquant'anni di lavoro, potresti risparmiare cinquanta pezzi d'oro?».

«Sarebbe una vita di lavoro».

«Pensi che tua sorella desidererebbe mettere a rischio i risparmi di cinquant'anni di lavoro, perché suo marito possa sperimentare il mestiere di mercante?».

«Non se io parlassi con le tue parole».

«Allora vai da lei e di': "Per tre anni ho lavorato tutti i giorni tranne i giorni di digiuno, dal mattino fino a sera, e ho negato a me stesso molte cose che il mio cuore desiderava. Ad ogni anno di lavoro e di sacrificio corrisponde un pezzo d'oro. Tu sei la mia cara sorella e spero che tuo marito possa mettersi in affari e prosperare abbondantemente. Se presenterà un progetto sensato e fattibile al mio amico, Mathon, gli presterò volentieri i miei risparmi di un anno intero". Fai così, ti dico, e se possiede in sé l'animo di riuscire potrà dimostrarlo. Se fallisce non ti dovrà più di quanto possa sperare di ripagarti un giorno.

«Io presto oro perché ne posseggo più di quanto mi serva per i miei affari. Io desidero che il mio oro in eccedenza lavori per gli altri e quindi procuri altro oro. Non voglio rischiare di perdere il mio oro, poiché ho faticato molto per ottenerlo. Quindi, non presterò oro quando non sarò convinto che sia al sicuro e che mi sarà restituito. Né lo presterò quando non sarò convinto che i suoi guadagni mi verranno restituiti.

«Ti ho rivelato, Rodan, alcuni segreti del mio

scrigno. Da essi potrai capire la debolezza degli uomini e la loro brama di prendere in prestito delle somme che poi non sono in grado di restituire.

«Ora possiedi dell'oro che a sua volta ti può procurare altro oro. Stai per diventare, come me, un prestasoldi. Se proteggerai bene il tuo tesoro, esso ti garantirà dei generosi guadagni e sarà fonte di piacere e di profitto per tutta la tua vita. Ma se te lo lasci scappare, sarà una fonte costante di tristezza e rimorso.

«Cosa desideri di più dall'oro che hai nella borsa?».

«Tenerlo al sicuro».

«Questo è saggio», rispose Mathon con approvazione. «Il tuo primo desiderio è la sua sicurezza. Pensi che nelle mani del marito di tua sorella sarà veramente al sicuro da una possibile perdita?».

«Ho paura di no, poiché egli non è saggio nel custodire l'oro».

«Allora non lasciarti influenzare da sciocchi sentimentalismi nell'affidare il tuo tesoro a chiunque. Se vuoi aiutare la tua famiglia o i tuoi amici, trova delle alternative che non comportino il rischio di farti perdere il tuo tesoro. Non dimenticare che l'oro scivola via inaspettatamente da chi non lo sa custodire. Tanto vale sprecare il tuo tesoro in modo eccentrico piuttosto che lasciare agli altri la possibilità di perderlo in vece tua.

«Dopo la sicurezza, cosa desideri per il tuo tesoro?».

«Che produca altro oro».

«Hai detto un'altra cosa saggia. Il tuo oro dovrebbe procurarti dei guadagni e crescere. L'oro prestato saggiamente può persino raddoppiarsi prima ancora che un uomo come te abbia raggiunto la vecchiaia. Se rischi di perderlo, rischi anche di perdere tutto ciò che esso ti può dare.

«Quindi, non farti sviare dai piani fantasiosi di persone poco pratiche, che credono di aver trovato il modo di impiegare il tuo oro per trarre dei guadagni insolitamente enormi. Sono progetti di sognatori inesperti che non conoscono le leggi sicure e affidabili del commercio. Sii prudente nelle tue aspettative di guadagno, affinché tu possa conservare e godere il tuo tesoro. Prestarlo con la promessa di rientri straordinariamente proficui equivale a perderlo.

«Cerca di metterti in società con persone e imprese dal successo consolidato, in modo che il tuo tesoro venga impiegato abilmente per procurarti dei buoni profitti e custodito dalla loro saggezza ed esperienza».

Quando Rodan lo ringraziò per il suo saggio consiglio, egli non volle ascoltare e disse: «Il dono del re ti insegnerà molta saggezza. Se desideri conservare i tuoi cinquanta pezzi d'oro dovrai essere molto prudente. Sarai tentato di impiegarlo in vari modi, riceverai tanti consigli, ti verranno offerte numerose occasioni allettanti. Le storie che ti ho raccontato dovrebbero averti messo in guardia: prima di prestare anche un solo pezzo d'oro devi assicurarti di poterlo riavere indietro. Se in futuro tu volessi degli altri consigli da me, ritorna, ti verranno dati con gioia.

«Prima che tu vada, leggi le parole che ho inciso sotto il coperchio del mio scrigno dei pegni. Esse valgono sia per colui che prende in prestito, sia per colui che presta:

È MEGLIO UN PO' DI CAUTELA CHE UN GRANDE RIMPIANTO.

LE MURA DI BABILONIA

IL VECCHIO Banzar, un tempo un arcigno soldato, faceva la guardia al passaggio che conduceva in cima alle antiche mura di Babilonia. Più in alto, degli intrepidi guerrieri erano impegnati in battaglia per difendere le mura. Da loro dipendeva la futura esistenza di questa grande città con le sue centinaia di migliaia di cittadini.

Oltre le mura giungevano il frastuono delle armate all'attacco, le urla di molti uomini, il calpestio di migliaia di cavalli, il boato assordante degli arieti scaraventati contro i portali di bronzo.

Nella strada dietro il portale si accalcavano i soldati armati di lancia, in attesa di difendere l'entrata nel caso le porte avessero ceduto: un compito che era stato affidato a pochi. Le armate principali di Babilonia erano al fianco del loro re, nel lontano oriente, perché impegnate in una grande spedizione contro gli elamiti. Non avendo avuto il sentore di un attacco contro la città durante la loro assenza, le forze di difesa erano ridotte. Inaspettatamente, dal Nord, erano scesi i potenti eserciti degli assiri. Ed ora le mura dovevano reggere o per Babilonia sarebbe stata la fine.

Intorno a Banzar c'era una folla numerosa di

cittadini terrorizzati e ansiosi di avere notizie della battaglia. Con silenzioso raccapriccio osservavano il fiume di feriti e di morti che venivano trasportati o allontanati dal passaggio.

Questo era un momento cruciale dell'attacco. Dopo tre giorni di accerchiamento della città, il nemico aveva improvvisamente sferrato la sua grande forza contro questo settore e questa porta.

I difensori, dall'alto delle mura, respingevano le piattaforme e le scale degli aggressori con le frecce, l'olio bollente e, quando questi riuscivano a raggiungere la cima, con le lance. Contro i difensori, migliaia di arcieri nemici scaricavano una pioggia di frecce.

Il vecchio Banzar era nel punto ottimale per le notizie. Era il più vicino al conflitto ed il primo a sentire di ogni nuovo allontanamento dei frenetici attaccanti.

Un anziano mercante gli si addossò, con le mani tutte tremanti. «Dimmi! Dimmi!» lo scongiurò. «Non riescono ad entrare? I miei figli sono con il buon re e non c'è nessuno che può proteggere la mia vecchia moglie. Ruberanno tutto il mio cibo, non lasceranno nulla. Noi siamo anziani, troppo anziani per difenderci: troppo vecchi per essere fatti schiavi. Moriremo di fame. Moriremo. Dimmi che non riescono ad entrare».

«Calmati, buon mercante», rispose la guardia. «Le mura di Babilonia sono forti. Torna al bazar e di' a tua moglie che le mura proteggeranno voi e tutto ciò che possedete con la stessa sicurezza con cui sono protetti i ricchi tesori del re. Tieniti vicino alle mura, così le frecce che riescono a passare non ti colpiranno!».

Una donna con un neonato in fasce prese il posto del vecchio, quando egli si allontanò. «Sergente, che notizie arrivano da lassù? Dimmi la verità, perché possa rassicurare il mio povero marito, che è a letto con la febbre a causa delle sue terribili ferite ma vuole indossare la sua armatura e la sua lancia per proteggere me, che sono in attesa di un figlio. Dice che la lussuria vendicativa dei nostri nemici sarà tremenda, se dovessero riuscire ad entrare».

«Stai pure tranquilla, madre che sei e che sarai ancora, le mura di Babilonia proteggeranno te ed i tuoi figli, perché sono alte e resistenti. Non senti le grida dei nostri coraggiosi difensori mentre svuotano i calderoni di olio bollente sul nemico che sale le scale?».

«Sì, le sento, ma anche gli arieti che si abbattono contro le nostre porte».

«Torna da tuo marito. Digli che le porte sono robuste e resistono agli arieti. Persino gli scalatori che riescono ad arrivare in cima alle mura non trovano che la punta di una lancia a riceverli. Sii cauta nel tuo tragitto e affrettati dietro quegli edifici laggiù».

Banzar si fece da parte per lasciare libero il passaggio ai rinforzi, armati di tutto punto. Mentre marciavano di lì, con gli scudi di bronzo che si urtavano con fragore e con passo pesante, una bimba tirò la sua cintola.

«Dimmi, soldato, siamo al sicuro?», lo pregò. «Sento dei rumori orribili. Vedo gli uomini tutti insanguinati. Sono così spaventata. Cosa accadrà alla mia famiglia, a mia madre, al mio fratellino e all'ultimo nato?».

«Non temere, piccolina», la rassicurò. «Le mura di Babilonia proteggeranno te, tua madre, il tuo fratellino e il neonato. Fu proprio per salvaguardare quelli come voi che la buona regina Semiramide le costruì oltre cent'anni fa. Non sono mai state sfondate. Torna indietro e di' a tua madre e ai tuoi fratelli che le mura di Babilonia li proteggeranno e che non devono aver paura».

Giorno dopo giorno il vecchio Banzar rimaneva al suo posto osservando i rinforzi che in marcia si infilavano su per il passaggio per combattere e forse per poi riscenderne, ma questa volta feriti o morti. Intorno a lui si ammassava sempre una ressa di cittadini spaventati e ansiosi di sapere se le mura avrebbero retto. A tutti dava la sua risposta, con la rispettosa dignità di un vecchio soldato: «Le mura di Babilonia vi proteggeranno».

Per tre settimane e cinque giorni l'attacco continuò con una violenza quasi incessante. Ogni giorno i cadaveri degli aggressori si ammonticchiavano davanti alle mura e di sera venivano trasportati via e seppelliti dai propri compagni.

La quinta sera della quarta settimana il clamore esterno diminuì. I primi bagliori del giorno, illuminando le pianure, svelarono nuvole di polvere sollevate dall'esercito che si ritirava.

Un potente grido partì dai difensori: non vi fu alcun dubbio sul suo significato; venne ripetuto dalle truppe in attesa dietro le mura; echeggiò tra i cittadini per le strade; attraversò la città con la violenza di una tempesta.

La gente si precipitò fuori dalle case. Le strade furono bloccate da una folla palpitante. La paura, accumulata da settimane, trovò sfogo nel selvaggio coro di gioia. Dalla cima dell'alta torre del tempio di Bel esplosero le fiamme della vittoria. Una colonna di fumo fluttuò verso il cielo per portare la notizia in ogni dove.

Ancora una volta, le mura di Babilonia avevano respinto un nemico potente e crudele, determinato a depredare i suoi ricchi tesori e a rapire e rendere schiavi i suoi cittadini.

Babilonia resistette per secoli grazie al fatto di essere *completamente protetta*. Non poteva permettersi di essere altrimenti.

Le mura di Babilonia furono uno straordinario esempio della necessità e del desiderio di protezione dell'uomo. Questo desiderio è innato nell'intera umanità. Oggi è forte come non lo è mai stato, ma grazie allo sviluppo di progetti migliori si può ottenere lo stesso obiettivo.

Dietro le mura impenetrabili delle assicurazioni, dei conti di risparmio e degli investimenti, oggi siamo in grado di proteggerci dalle tragedie che possono entrare inaspettatamente da qualsiasi porta e accomodarsi accanto a qualunque focolare.

NON POSSIAMO PERMETTERCI DI RESTARE SENZA UNA ADEGUATA PROTEZIONE.

IL MERCANTE DI CAMMELLI DI BABILONIA

PIÙ la fame si fa sentire, più lucida è la propria mente... e più sensibili si diventa ai profumi del cibo.

Tarkad, figlio di Azure, certamente la pensava così. Per due giorni interi non aveva toccato cibo, tranne due piccoli fichi rubati oltre il muro di un giardino. Non era riuscito a coglierne altri per via di quella donna infuriata che si era precipitata fuori a inseguirlo per strada. I suoi strilli acuti gli risuonavano ancora nelle orecchie mentre attraversava il mercato e lo aiutarono a resistere alla tentazione di infilare le sue mani irrequiete nei cesti delle donne e rubare la loro frutta invitante.

Non si era mai reso conto, prima, di quanto cibo ci fosse ai mercati di Babilonia e di quanto buono fosse il suo profumo. Lasciato il mercato, si recò alla locanda e cominciò a camminare avanti e indietro appena fuori del locale. Forse avrebbe incontrato qualcuno che conosceva e da cui avrebbe potuto prendere in prestito una moneta di rame, necessaria per guadagnarsi un sorriso dall'ostinato padrone della locanda e, con esso, una generosa porzione di cibo. Senza la moneta di rame, sapeva fin troppo bene che non sarebbe stato il benvenuto.

Nella sua distrazione si trovò inaspettatamente faccia a faccia con l'unica persona che desiderava evitare, Dabasir il mercante di cammelli, nella sua alta e ossuta figura. Tra tutti gli amici e i conoscenti che gli avevano prestato delle piccole somme, Dabasir era quello che lo metteva in più forte imbarazzo per il fatto di non riuscire a restituire subito il suo debito come invece aveva promesso.

Il volto di Dabasir si illuminò alla sua vista. «Ah! Tarkad, proprio colui che stavo cercando perché mi restituisca i due pezzi di rame che gli ho prestato una luna fa, oltre al pezzo d'argento che gli avevo prestato prima ancora di quelli. Che incontro fortunato! Potrei mettere a buon uso quelle monete oggi stesso. Cosa dici, ragazzo? Cosa dici?».

Tarkad balbettò e si fece rosso in viso. Non aveva nulla nello stomaco che lo sostenesse in una discussione con lo schietto Dabasir. «Sono molto, molto dispiaciuto», borbottò debolmente, «ma oggi non ho con me né il rame, né l'argento con cui saldare il mio debito».

«Allora vai a prenderlo», insistette Dabasir. «Saprai sicuramente trovare qualche moneta di rame ed un pezzo d'argento per ripagare la generosità di un vecchio amico di tuo padre che ti ha aiutato quando ne avevi bisogno!».

«È per via della cattiva sorte che mi perseguita che non ti posso ripagare».

«Cattiva sorte! Attribuisci dunque la colpa della tua debolezza agli dei. La cattiva sorte perseguita chiunque pensi più a prendere in prestito che a restituire. Vieni con me, ragazzo, mentre pranzo. Sono affamato e ti racconterò una storia».

Tarkad sussultò alla franchezza brutale di Dabasir, ma almeno aveva un invito a superare l'agognata porta della locanda.

Dabasir lo spinse in un angolo in fondo alla stanza dove si sedettero su piccoli tappeti.

Quando Kauskor, il proprietario, apparve sorridendo, Dabasir si rivolse a lui con la sua solita schiettezza: «Grassa lucertola del deserto, portami un cosciotto di capra, ben cotto e con molto sugo, pane e tutte le verdure, poiché ho fame e voglio molto cibo. Non dimenticare il mio amico qui. portagli una brocca d'acqua. Che sia fresca, perché è una giornata molto calda».

Tarkad ebbe un tuffo al cuore. Doveva starsene seduto lì e bere acqua, mentre guardava quest'uomo divorarsi un intero cosciotto di capra? Non disse nulla. Non riuscì a pensare a nulla da dire.

Dabasir, dal suo canto, non conosceva il silenzio. Sorridendo e salutando allegramente con un gesto della mano gli altri avventori, che lo conoscevano, continuò:

«Ho sentito raccontare, da un viaggiatore di ritorno da Urfa, di un tale molto ricco che possiede una pietra tagliata in modo talmente sottile che ci si può vedere attraverso. L'ha messa nella finestra della sua casa per tenere fuori le piogge. Il viaggiatore dice che è gialla e che, avendo avuto modo di guardarvi attraverso, tutto il mondo esterno appare strano e non come esso è realmente. Cosa ne pensi, Tarkad? Credi che un uomo, od un altro, possa apparire di un colore diverso del suo?».

«Può darsi», rispose il giovane, molto più interessato al grasso cosciotto di capra che ora si trovava davanti a Dabasir.

«Bene, io so che è vero, perché io stesso ho visto il mondo di un colore diverso dal suo, e la storia che ti racconterò spiega come sia riuscito a vederlo ancora nel suo giusto colore».

«Dabasir sta per raccontare una storia», sussurrò un commensale seduto lì accanto, e si avvicinò con il suo tappeto. Gli altri avventori presero il loro cibo e si ammassarono in un semicerchio; masticando rumorosamente nelle orecchie di Tarkad e sfiorandolo con i loro ossi succosi. Solo lui era senza cibo. Dabasir non gli offrì di spartire con lui, né lo invitò a prendersi un piccolo angolo del pane che si era spezzato cadendo per terra.

«La storia che sto per raccontare», cominciò Dabasir, facendo una pausa per dare un grosso morso al cosciotto di capra, «si riferisce alla prima parte della mia vita e a come diventai un mercante di cammelli. Qualcuno sa che una volta ero uno schiavo in Siria?».

Un mormorio di sorpresa percorse il pubblico con grande soddisfazione di Dabasir.

«Da ragazzo», continuò Dabasir, dopo un altro violento morso al cosciotto, «imparai il mestiere di mio padre: fabbricare selle. Lavorai con lui nella sua bottega e presi moglie. Essendo giovane e non molto abile, non potevo che guadagnare poco, quel che bastava a mantenere appena la mia ottima moglie. Desideravo le buone cose che non potevo permettermi. Ben presto mi resi conto che i bottegai si fidavano di un mio pagamento posticipato, sebbene non fossi in grado di pagare al momento.

«Essendo giovane e senza esperienza, non sapevo che colui che spende più di quanto guadagna sta seminando i venti di un'inutile indulgenza verso se stesso che sicuramente gli procurerà un vorticoso raccolto di problemi e umiliazioni. Fu così che mi abbandonai ai miei desideri di abiti raffinati e di oggetti lussuosi che acquistai per mia moglie e la nostra casa, oltre i nostri mezzi.

«Pagai come potei e, per un certo periodo, tutto andò bene. Ma con il passare del tempo scoprii che non potevo usare i miei guadagni per vivere e per pagare i miei debiti contemporaneamente. I creditori cominciarono a pretendere il pagamento dei miei acquisti stravaganti e la mia vita divenne insopportabile. Presi del denaro in prestito dai miei amici, ma non fui in grado di restituirlo neppure a loro. Le cose andarono di male in peggio. Mia moglie tornò da suo padre e io decisi di lasciare Babilonia e cercare un'altra città dove un giovane potesse trovare delle occasioni migliori.

«Per due anni condussi una vita piena di inquietudine e fallimenti lavorando per dei commercianti di carovane. Da qui passai ad una banda di simpatici ladri che setacciavano il deserto alla ricerca di carovane senza scorta. Erano imprese indegne per il figlio di mio padre, ma stavo vedendo il mondo attraverso una pietra colorata e non mi rendevo conto del degrado in cui ero caduto.

«Il nostro primo viaggio ebbe successo, poiché ci impossessammo di un ricco carico d'oro, sete e mercanzie di valore. Portammo questo bottino a Ginir e lo sperperammo.

«La seconda volta non andò così bene. Avevamo appena compiuto la nostra rapina, quando fummo attaccati dai lancieri di un capo indigeno pagato per fornire la sua protezione alla carovana. I nostri due capi furono uccisi, e noi fummo portati a Damasco, dove ci spogliarono dei nostri vestiti e ci vendettero come schiavi.

«Fui acquistato per due pezzi d'argento da un capo del deserto siriano. Con i capelli rasati e un solo perizoma addosso, non ero molto diverso dagli altri schiavi. Essendo un giovane scapestrato, la giudicavo una semplice avventura finché il mio padrone non mi condusse dalle sue quattro mogli e disse loro che potevano avermi come eunuco.

«Fu allora che mi resi conto della disperazione della mia situazione. Questi uomini del deserto erano feroci e battaglieri. Ero soggetto al loro volere senza armi o mezzi di fuga.

«Rimasi lì terrorizzato, mentre le quattro donne mi esaminavano. Mi chiesi se avrei potuto aspettarmi compassione da loro. Sira, la prima moglie, era più vecchia delle altre. Il suo volto era impassibile mentre mi guardava. La eliminai mentalmente, sconsolato. La seconda era una bellezza altezzosa che mi guardò con la stessa indifferenza che avrebbe riservato ad un misero verme. Le due più giovani ridacchiavano come se si trattasse di uno scherzo divertente.

«Sembrò una vita che ero in piedi ad aspettare la sentenza. Ogni donna sembrava desiderasse che decidessero le altre. Alla fine Sira parlò con voce distaccata.

«"Di eunuchi ne abbiamo abbastanza, ma di cammellieri ne abbiamo pochi e sono assolutamente incapaci. Anche oggi, che vorrei visitare mia madre che è malata di febbre, non c'è nessuno schiavo a cui affiderei la guida del mio cammello. Chiedi a questo schiavo se sa condurre un cammello".

«Il mio padrone quindi mi domandò: "Cosa sai di cammelli?".

«Cercando di nascondere il mio entusiasmo, risposi: "So farli inginocchiare, so caricarli, so condurli per viaggi lunghi senza stancarli. Se fosse necessario, saprei riparare i loro finimenti".

«"Lo schiavo ha parlato abbastanza chiaro", osservò il mio padrone. "Se desideri così, Sira, prendi quest'uomo come tuo cammelliere".

«Così fui assegnato a Sira e, quel giorno, condussi il suo cammello per un lungo viaggio dalla madre malata. Colsi l'occasione per ringraziarla per la sua intercessione e per dirle anche che non ero uno schiavo per nascita, ma il figlio di un uomo libero, un onesto fabbricante di selle di Babilonia. Le raccontai inoltre gran parte della mia storia. I suoi commenti furono sconcertanti per me e, più tardi, riflettei molto su quanto mi aveva detto.
«"Come puoi chiamarti un uomo libero quando la tua debolezza ti ha portato a questo? Se un uomo

indipendentemente dalla sua nascita possiede l'anima dello schiavo non cercherà forse di diventarlo, così come l'acqua cerca il suo livello? Se un uomo possiede l'anima dell'uomo libero, non si farà forse rispettare e onorare nella sua città nonostante le sue sventure?".

«Per oltre un anno fui uno schiavo e vissi insieme agli schiavi, ma non riuscii a diventare uno di loro. Un giorno Sira mi domandò: "Alla sera, quando gli altri schiavi possono stare insieme e godere la compagnia uno dell'altro, perché tu siedi da solo nella tua tenda?".

«Ed io risposi: "Penso a ciò che mi hai detto e mi chiedo se ho l'anima di uno schiavo. Non riesco ad unirmi a loro, così me ne sto in disparte".

«"Anch'io devo stare in disparte", mi confidò. "Il mio signore mi ha sposata perché la mia dote era grande. Tuttavia egli non mi desidera. Ogni donna vuole essere desiderata. Per questo motivo e perché, essendo sterile, non ho figli, devo stare in disparte. Se fossi un uomo morirei piuttosto che vivere in queste condizioni, ma le usanze della nostra tribù rendono schiave le donne".

«"Dunque, cosa pensi di me?", le domandai all'improvviso, "ho lo spirito dell'uomo o lo spirito dello schiavo?".

«"Desideri rimediare ai debiti che hai in Babilonia?", continuò.

«"Sì, ma non vedo come".

«"Se ti accontenti di lasciar scivolare via gli anni senza fare il minimo sforzo per restituire il denaro, allora non hai che il misero animo dello schiavo. Non si può evitare di essere schiavi se non si ha rispetto per se stessi e nessuno può rispettare se stesso se non rimette i suoi debiti".

«"Ma cosa posso fare, se sono uno schiavo in Siria?".

«"Rimani schiavo in Siria, smidollato".

«"Non sono uno smidollato", negai animatamente.

«"E allora provalo".

«"Come?".

«"Il tuo re non combatte forse i suoi nemici in ogni modo possibile e con tutti i mezzi che possiede? I tuoi debiti sono i tuoi nemici che ti hanno cacciato via da Babilonia. Ignorandoli hai permesso loro di diventare troppo forti per te. Se li avessi combattuti da uomo, avresti potuto sconfiggerli per essere rispettato dai tuoi concittadini. Ma non hai avuto il coraggio di combatterli, e ora il tuo orgoglio ti ha trascinato in basso finché sei diventato uno schiavo in Siria".

«"Ripensai a lungo alle sue accuse ed elaborai molte frasi che mi giustificassero e dimostrassero che, in fondo, non ero uno schiavo, ma non ebbi modo di usarle. Tre giorni più tardi la cameriera di Sira mi portò dalla sua padrona.

«"Mia madre è ancora molto malata", disse, "Sella i due cammelli migliori della mandria di mio marito, prepara molte otri d'acqua e bisacce, che siano sufficienti per un lungo viaggio. La cameriera ti darà il cibo alla tenda delle cucine". Caricai i cammelli, meravigliandomi della quantità di provviste procurate dalla cameriera, poiché la madre viveva a meno di un giorno di viaggio. La serva cavalcò il cammello che seguiva ed io conducevo il cammello della mia padrona. Quando raggiungemmo la casa di sua madre, si era appena fatto buio. Sira congedò la donna e mi disse:

«"Dabasir, hai l'animo dell'uomo libero o dello schiavo?".

«"L'animo di un uomo libero", insistei.

«"Questa è la tua occasione per dimostrarlo. Il tuo padrone ha bevuto parecchio ed i suoi capi sono ebbri. Prendi dunque i cammelli e fuggi; in questa borsa ci sono gli abiti del tuo padrone con i quali ti puoi camuffare. Dirò che hai rubato i cammelli e sei scappato via mentre ero in visita alla mia madre malata.

«"Tu hai l'animo di una regina", le dissi. "Vorrei davvero condurti alla felicità".

«"La felicità", rispose, "non appartiene ad una moglie fuggiasca che ne va alla ricerca in terre lontane, tra sconosciuti. Vai per la tua strada e che gli dei del deserto ti proteggano, poiché la strada è lunga e priva di cibo e di acqua".

«Non ebbi bisogno di essere incoraggiato oltre, ma la ringraziai di cuore e fuggii nella notte. Non conoscevo questo strano paese ed avevo solo una vaga idea della direzione in cui si trovava Babilonia, ma mi avviai coraggiosamente attraverso il deserto, verso le montagne. Cavalcavo un cammello e conducevo l'altro. Viaggiai tutta la notte e tutto il giorno dopo, spinto solo dalla consapevolezza del terribile destino che spettava agli schiavi che derubavano il proprio padrone e cercavano di fuggire.

«Più tardi, quel pomeriggio, raggiunsi una zona impervia e inabitabile come il deserto. Le rocce appuntite ferirono le zampe dei miei fedeli cammelli, che si facevano strada lentamente e dolorosamente. Non incontrai né uomini né animali ed era facile capire perché tutti evitavano questa terra inospitale.

«Fu un viaggio a cui pochi potrebbero sopravvivere per raccontarlo. Giorno dopo giorno, ci trascinavamo avanti, senza né cibo né acqua. Il calore del sole non aveva nessuna pietà. Al termine del nono giorno, scivolai dalla sella con la sensazione che non sarei più riuscito a rimontare e che sarei sicuramente morto, sperduto in questo paese abbandonato.

«Mi stesi a terra e dormii, svegliandomi solo al primo chiarore del giorno.

«Mi misi seduto guardandomi intorno: l'aria del mattino era fresca; poco più in là i cammelli giacevano stravolti. Intorno a me c'era un'ampia distesa di terra deserta, coperta di sassi e di sabbia, priva di acqua e di cibo, sia per un essere umano, sia per un cammello.

«Come poteva accadere che, in questa pacifica quiete, io mi trovassi a confronto con la mia fine? La mia mente era più chiara di quanto lo fosse mai stata prima. Il mio corpo ormai sembrava avere poca importanza. Le mie labbra screpolate e sanguinanti, la mia lingua secca e gonfia, il mio stomaco vuoto, non sentivano più le intollerabili agonie del giorno precedente.

«Guardai quella distesa poco invitante e mi

tornò alla mente la domanda: "Ho lo spirito dello schiavo o dell'uomo libero?" A quel punto capii chiaramente che, se avessi avuto lo spirito dello schiavo, avrei dovuto arrendermi, sdraiarmi nel deserto e morire: la degna fine di uno schiavo fuggiasco.

«Ma, se avessi avuto lo spirito dell'uomo libero, cosa ne sarebbe stato di me? Sicuramente sarei tornato a Babilonia, avrei ripagato la gente che si era fidata di me, avrei reso felice mia moglie, che mi amava sinceramente, ed avrei portato la serenità e la felicità ai miei genitori.

«"I tuoi debiti sono i tuoi nemici che ti hanno cacciato via da Babilonia", aveva detto Sira. Sì, era proprio così. Perché avevo rifiutato di resistere come un uomo? Perché avevo permesso che mia moglie tornasse da suo padre?

«Poi accadde una cosa strana. Tutto il mondo sembrò essere di un colore diverso, come se fino ad allora lo avessi guardato attraverso una pietra colorata e se questa fosse stata improvvisamente rimossa. Finalmente vidi i veri valori della vita.

«Morire nel deserto! Non io! Con una nuova prospettiva, vidi le cose che avrei dovuto fare. Innanzitutto sarei ritornato a Babilonia ed avrei affrontato ogni uomo con cui ero in debito. Avrei detto loro che, dopo anni di vagabondare e di sfortune, ero tornato per pagare i miei debiti quanto più rapidamente gli dei me lo avrebbero permesso. Poi avrei procurato una casa a mia moglie e sarei diventato un cittadino di cui i miei genitori sarebbero potuti andar fieri.

«I miei debiti erano i miei nemici, ma gli uomini a cui dovevo il denaro erano miei amici, poiché si erano fidati di me e credevano in me.

«Mi alzai debolmente. Che importanza aveva la fame? Che importanza aveva la sete? Non erano che intoppi sulla strada per Babilonia. Dentro di me nasceva lo spirito di un uomo libero, che ritornava a sconfiggere i suoi nemici e a ricompensare i suoi amici. Ero entusiasta della grande decisione.

«Gli occhi spenti dei miei cammelli si illuminarono sentendo la nota nuova nella mia voce roca. Con grandi sforzi e dopo molti tentativi, riuscirono a rimettersi in piedi. Con compassionevole perseveranza, essi avanzarono verso nord, dove qualcosa dentro di me mi diceva che avremmo trovato Babilonia.

«Trovammo l'acqua. Attraversammo una terra più fertile, dove crescevano erba e frutti. Trovammo la pista per Babilonia, perché lo spirito di un uomo libero guarda la vita come una serie di problemi da risolvere e li risolve, mentre lo spirito di uno schiavo si lamenta dicendo: "Cosa posso fare io che sono solo uno schiavo?".

«E tu, Tarkad? Il tuo stomaco vuoto rende ben chiara la tua mente? Sei pronto a intraprendere la strada di ritorno al rispetto di se stessi? Riesci a vedere il mondo nel suo vero colore? Provi il desiderio di rimediare ai tuoi debiti, per quanto numerosi essi siano, ed essere ancora rispettato a Babilonia?».

Gli occhi del giovane si inumidirono. Si mise in ginocchio con entusiasmo. «Mi hai mostrato una visione; già sento nascere in me l'animo dell'uomo libero».

«Ma come è andata al tuo ritorno?», domandò interessato uno degli ascoltatori.

«Dove c'è la determinazione, si può trovare un modo», rispose Dabasir. «A quel punto possedevo la determinazione, così mi diedi da fare per rimediare in qualche modo. Per prima cosa mi recai da coloro che mi avevano prestato il denaro e li scongiurai di essere indulgenti, finché fossi stato in grado di guadagnare abbastanza per ripagarli. Molti mi vennero incontro con gioia. Diversi mi insultarono, ma altri si offrirono di aiutarmi. Uno, in particolare, mi diede l'aiuto di cui avevo bisogno: era Mathon, il prestasoldi. Apprendendo che ero stato cammelliere in Siria, mi mandò dal vecchio Nebatur, il mercante di cammelli, a cui il nostro re aveva appena commissionato l'acquisto di molte mandrie. Con lui misi a frutto la mia conoscenza in fatto di cammelli. Gradualmente riuscii a restituire ogni moneta di rame ed ogni pezzo d'argento. Alla fine, potevo procedere a testa alta e sentirmi un uomo rispettabile».

Dabasir riprese a dedicarsi al suo cibo. «Kauskor, lumaca», disse ad alta voce per farsi sentire in cucina, «il cibo è freddo. Portami dell'altra carne dallo spiedo, e porta anche una porzione molto grossa per Tarkad, il figlio del mio vecchio amico, che è affamato e mangerà con me».

Così terminò la storia di Dabasir, il mercante di cammelli. Trovò il suo spirito quando capì una grande verità, una verità che i saggi conoscevano bene e applicavano già da tempo.

Grazie ad essa molti sono usciti dalle difficoltà e sono arrivati al successo, e lo stesso sarà per coloro che hanno la saggezza di capire il suo magico potere. La può usare qualsiasi uomo che legga queste righe.

DOVE C'È LA DETERMINAZIONE, SI PUÒ TROVARE UN MODO.

LE TAVOLETTE D'ARGILLA DI BABILONIA

ISTITUTO DI ST. SWITHIN
UNIVERSITÀ DI NOTTINGHAM
Newark-On-Trent
Nottingham

21 ottobre 1934

Professor Franklin Caldwell,
Presso la Spedizione Scientifica Britannica,
Hillah, Mesopotamia.

Mio caro professore,

Le cinque tavolette d'argilla, provenienti dai suoi recenti scavi presso le rovine di Babilonia, sono arrivate per nave con la sua lettera. Ne sono stato profondamente affascinato, e ho trascorso molte ore piacevoli nella traduzione delle loro iscrizioni. Avrei risposto immediatamente alla sua lettera, ma ho preferito completare le traduzioni che allego.

Grazie alla sua cura nell'uso di conservanti e all'eccellente imballaggio, le tavolette sono arrivate intatte.

Sarà meravigliato, così come lo siamo stati noi in laboratorio, dalle storie che riportano. Ci si aspetta che l'oscuro e lontano passato parli di amore e di avventura, come per esempio *Le mille e una notte*. Il fatto che invece ci riveli i problemi che deve affrontare una persona di nome Dabasir per ripagare i suoi debiti, ci dimostra che dopo cinquemila anni il mondo non è cambiato tanto quanto si potrebbe credere.

È strano, ma queste antiche iscrizioni mi «prendono», come direbbero gli studenti. Essendo un professore universitario, si suppone che io abbia una provata conoscenza di quasi tutti gli argomenti. Tuttavia, quest'uomo, proveniente dalle polverose rovine di Babilonia, mi offre un metodo prima sconosciuto per saldare i miei debiti e, nello stesso tempo, per far crescere l'oro nel mio portafoglio.

Sarà curioso e direi anche interessante verificare se questo metodo sia valido oggi come lo è stato nell'antica Babilonia. Mia moglie ed io stiamo pensando di utilizzarlo per i nostri stessi affari, che ne potrebbero trarre un gran beneficio.

Augurandole buona fortuna per la sua degna impresa e attendendo con impazienza un'altra occasione di collaborare con lei,
la saluto cordialmente,

Alfred H. Shrewsbury,
Dipartimento di Archeologia.

Tavoletta n. I

Ora che la luna diventa piena, io, Dabasir, recentemente ritornato dalla Siria dove ero in schiavitù, con la determinazione di restituire i miei numerosi debiti e diventare un uomo agiato e rispettato nella mia città natale di Babilonia, incido qui, sull'argilla, un resoconto dei miei affari che mi guidi e mi assista nel portare a compimento i miei più grandi desideri.

Dietro il saggio consiglio del mio buon amico Mathon, il prestasoldi, sono deciso a seguire un piano preciso che solleverà dai debiti qualunque uomo d'onore e lo porterà alla ricchezza e al rispetto di sé.

Questo piano include tre obiettivi a cui devo aspirare.

Per prima cosa, il piano deve assicurarmi una prosperità futura. Perciò, un decimo di tutte le mie entrate verrà messo da parte affinché io lo risparmi per me stesso. Mathon, infatti, parla saggiamente quando dice: «L'uomo che conserva nella sua borsa sia l'oro sia l'argento che non deve spendere, si comporta bene verso la propria famiglia e lealmente verso il suo re. L'uomo che ha poche monete di rame nella sua borsa è indifferente verso la sua famiglia e indifferente verso il suo re. Ma l'uomo che non ha nulla nella sua borsa è crudele con la sua famiglia e sleale verso il suo re, poiché il suo cuore è amaro. Quindi, l'uomo che desidera qualcosa deve avere delle monete da conservare e da far tintinnare nella sua borsa; così potrà avere nel cuore amore per la propria famiglia e lealtà verso il suo re».

Per seconda cosa, il piano deve far sì che io mantenga e vesta la mia buona moglie che è tornata da me con lealtà dalla casa di suo padre. Mathon, infatti, dice che prendersi cura di una moglie fedele procura al cuore rispetto per se stessi e aggiunge forza e determinazione ai propri obiettivi.

Dunque, sette decimi di tutto ciò che guadagno verranno destinati ad una casa, ai vestiti da indossare, al cibo da mangiare, e a qualcosa in più da spendere affinché alla nostra vita non manchi il piacere e il divertimento. Ma soprattutto Mathon raccomanda la massima attenzione a non spendere per tutte queste cose più dei sette decimi di ciò che guadagno. In questo consiste il successo del piano. Devo vivere con questa porzione e non spendere mai di più, né comprare ciò che non mi posso permettere attingendo ad essa.

Tavoletta n. II

Terzo, il piano dovrà fare in modo che io restiuisca i miei debiti attraverso i miei guadagni.

Perciò, ogni volta che la luna sarà piena, due decimi dei miei guadagni verranno divisi equamente tra coloro che hanno avuto fiducia in me e con i quali sono indebitato. Così, a suo tempo, tutti i miei debiti saranno saldati.

Incido qui, dunque, i nomi di ogni uomo verso cui sono debitore e la giusta cifra del mio debito.

Fahru, il tessitore, 2 argento, 6 rame.
Sinjar, il fabbricante di letti, 1 argento.
Ahmar, mio amico, 3 argento, 1 rame.
Zankar, mio amico, 4 argento, 7 rame.
Askamir, mio amico, 1 argento, 3 rame.
Harinsir, fabbricante di gioielli, 6 argento, 2 rame.
Diarbeker, amico di mio padre, 4 argento, 1 rame.
Alkahad, proprietario di case, 14 argento.
Mathon, il prestasoldi, 9 argento.
Birejik, il contadino, 1 argento, 7 rame.
(*Da qui in poi, disintegrato. Non decifrabile*)

Tavoletta n. III

A questi creditori devo in tutto centodiciannove pezzi d'argento e centoquarantuno pezzi di rame. Dovendo queste somme e non vedendo il modo in cui restituirli, nella mia follia permisi a mia moglie di ritornare da suo padre, così abbandonai la mia città natale per cercare altrove facili ricchezze, e per trovare invece disgrazia fino ad essere venduto nella degradazione della schiavitù.

Ora che Mathon mi ha mostrato come restituire i miei debiti traendo delle piccole somme dai miei guadagni, mi rendo conto dell'enormità della follia che avevo commesso fuggendo dai risultati delle mie stravaganze.

Perciò sono andato dai miei creditori e ho spiegato loro di non possedere altre risorse con cui pagare oltre alla mia capacità di guadagnare, e che è mia intenzione dedicare due decimi di tutto ciò che guadagno per saldare i miei debiti, costantemente ed onestamente. Questo posso pagare e non di più. Quindi, se saranno pazienti, con il tempo i miei obblighi saranno pienamente risarciti.

Ahmar, che io credevo il mio miglior amico, mi ha insultato aspramente e io l'ho lasciato, sentendomi umiliato.

Birejik, il contadino, mi ha pregato di pagarlo per primo, poiché ha disperatamente bisogno di aiuto. Alkahad, il proprietario di case, è stato molto scortese, mi ha minacciato di crearmi dei problemi se non gli restituirò presto tutti i soldi.

Tutti gli altri hanno accettato volentieri la mia proposta. Perciò sono determinato più che mai ad andare fino in fondo, essendo convinto che è più facile restituire i propri debiti che evitarli. Anche se non riuscirò a venire incontro ai bisogni e alle richieste di alcuni creditori, sarò imparziale con tutti.

Tavoletta n. IV

Ancora una volta la luna è piena. Mi sono impegnato duramente e serenamente. La mia buona moglie ha sostenuto la mia intenzione di pagare i miei creditori; grazie alla nostra saggia determinazione, ho guadagnato, dalla luna scorsa, con l'acquisto per conto di Nebatur di cammelli sani e dalle buone zampe, la somma di diciannove pezzi di argento.

Quindi ho diviso questa cifra attenendomi al piano: un decimo l'ho messo da parte come risparmio; ho destinato sette decimi al nostro mantenimento; due decimi li ho distribuiti tra i miei creditori, il più equamente possibile, in monete di rame.

Non ho visto Ahmar, ma ho lasciato i soldi a sua moglie. Birejik era così felice che mi ha voluto baciare la mano. Solamente il vecchio Alkahad ha brontolato e ha detto che dovevo pagare con più rapidità. La mia risposta è stata che se fossi nelle condizioni di nutrirmi bene e di non avere problemi, allora sì che potrei pagare prima. Tutti gli altri mi hanno ringraziato e hanno avuto buone parole per i miei sforzi.

Pertanto, al termine di una luna, i miei debiti si sono ridotti di quasi quattro pezzi d'argento e, inoltre, posseggo quasi due pezzi d'argento, sui quali nessun uomo ha diritto di reclamo. Il mio cuore, dopo tanto tempo, è sollevato.

Un'altra luna è trascorsa. Ho lavorato duramente ma con scarso successo. Sono riuscito ad acquistare pochi cammelli. Ho guadagnato solo undici pezzi d'argento. Nonostante tutto, la mia buona moglie ed io ci siamo attenuti al piano, anche se non abbiamo comprato nessun nuovo abito e abbiamo mangiato solo verdure. Ho risparmiato ancora un decimo degli undici pezzi, e abbiamo vissuto dei sette decimi. Sono stato sorpreso quando Ahmar ha lodato il mio pagamento, se pur modesto. Così ha fatto Birejik. Alkahad si è adirato, ma quando gli ho chiesto di restituire quella parte, se non la voleva, si è tranquillizzato. Gli altri, come prima, sono rimasti soddisfatti.

La luna è piena un'altra volta ed io sono enormemente felice. Ho scovato un'ottima mandria di cammelli e ne ho acquistati parecchi in buone condizioni, quindi i miei guadagni sono stati di quarantadue pezzi d'argento. Questa luna mia moglie ed io abbiamo acquistato sandali e vestiti di cui avevamo molto bisogno. Inoltre ci siamo cibati bene di carne e selvaggina.

Abbiamo pagato più di otto pezzi d'argento ai nostri creditori. Persino Alkahad non ha protestato.

Il piano è molto efficace, poiché ci fa uscire dai debiti e ci procura una ricchezza da conservare per noi.

Sono trascorse tre lune da quando ho inciso per l'ultima volta questa argilla. Ad ogni luna ho pagato a me stesso un decimo di tutto ciò che ho guadagnato. Ad ogni luna la mia buona moglie ed io abbiamo vissuto dei sette decimi anche se talvolta è stato difficile. Ad ogni luna, ho restituito i due decimi ai miei creditori.

Ora posseggo ventun pezzi d'argento e posso camminare a testa alta tra i miei amici. Mia moglie tiene bene la nostra casa ed è ben vestita. Siamo felici di vivere insieme.

Il piano è di un valore inestimabile. Non ha forse fatto di un ex schiavo un uomo rispettabile?

Tavoletta n. V

La luna è piena ancora una volta e ricordo che è trascorso molto tempo da quando ho inciso l'argilla. Dodici lune, in verità sono venute e andate. Ma oggi non trascurerò il mio registro, perché è il giorno in cui ho pagato l'ultimo dei miei debiti. Questo è il giorno in cui la mia buona moglie ed io, con piena gratitudine, celebriamo con un grande banchetto ciò che ha ottenuto la nostra determinazione.

Molte cose, che io ricorderò a lungo, sono accadute durante la mia ultima visita ai creditori. Ahmar ha chiesto il mio perdono per le sue crudeli parole e ha detto che io sono, tra tutti, quello che egli più desidera per amico.

Il vecchio Alkahad non è così cattivo dopotutto; infatti ha detto: "Una volta eri un pezzo di argilla morbida che qualsiasi mano poteva premere e modellare, ma ora sei un pezzo di bronzo capace di resistere a tutto. Se hai bisogno di argento o di oro, vieni da me in qualsiasi momento".

E non è nemmeno l'unico che mi tiene in grande considerazione. Molti altri mi parlano in maniera deferente. La mia buona moglie mi guarda con una luce negli occhi che mi induce ad avere fiducia in me stesso.

Tuttavia è stato il piano a permettermi di avere successo. Esso mi ha reso capace di pagare tutti i miei debiti e di far tintinnare sia l'oro che l'argento nella mia borsa. Lo consiglio a tutti perché, se ha permesso ad un ex schiavo di pagare i suoi debiti e di possedere dell'oro, non aiuterà forse qualsiasi uomo a trovare l'indipendenza? Io stesso lo metto ancora in pratica perché sono certo che, continuando a seguirlo, riuscirò a diventare ricco tra gli uomini.

ISTITUTO DI ST. SWITHIN
UNIVERSITÀ DI NOTTINGHAM
Newark-On-Trent
Nottingham

7 novembre 1936

Professor Franklin Caldwell,
Presso la Spedizione Scientifica Britannica,
Hillah, Mesopotamia.

Mio caro professore,

Se nei suoi successivi scavi nelle rovine di Babilonia dovesse incontrare il fantasma di un antico residente, un vecchio mercante di cammelli di nome Dabasir, le vorrei chiedere un favore: gli dica che incidendo quelle tavolette d'argilla, così tanto tempo fa, si è guadagnato la gratitudine a vita di una coppia di persone dell'università, qui in Inghilterra.

Probabilmente lei ricorderà la mia lettera di un anno fa, in cui le scrissi che la signora Shrewsbury ed io intendevamo provare il suo piano per uscire dai debiti e, allo stesso tempo, possedere più soldi. Forse aveva già intuito, nonostante i nostri sforzi per nasconderlo agli amici, le nostre condizioni disperate.

Da anni gravava su di noi la terribile umiliazione di vecchi debiti ed eravamo estremamente preoccupati che qualcuno dei nostri creditori potesse creare uno scandalo che mi costringesse a lasciare l'università. Abbiamo continuato a pagare ogni scellino che potevamo raggranellare dalle nostre entrate, ma questo bastava appena a mantenere le cose come stavano. Inoltre, dovevamo recarci per tutti i nostri acquisti dove potevamo ottenere un credito ulteriore, sebbene i prezzi fossero più alti.

Si era creato uno di quei circoli viziosi che peggiorano anziché migliorare. I nostri sforzi stavano diventando inutili. Non potevamo trasferirci in stanze meno costose, perché dovevamo dei soldi al nostro padrone di casa. Non sembrava esserci nulla che potessimo fare per migliorare la situazione.

Poi, ecco arrivare il nostro amico comune, il vecchio commerciante di cammelli di Babilonia, con un piano che permetteva di fare proprio quello che desideravamo realizzare. Ci aveva veramente spronati a seguire il suo metodo. Abbiamo compilato un elenco di tutti i nostri debiti e l'ho mostrato a tutti i nostri creditori.

Ho spiegato loro le difficoltà che avevo per ripagarli tutti. Potevano rendersene conto di persona vedendo le cifre. Poi ho spiegato che l'unico modo per risarcirli completamente era quello di mettere da parte il venti per cento del mio stipendio mensile e dividerlo in rate, che nel giro di due anni avrebbero saldato il debito intero.

Infine, insieme abbiamo pattuito che nessuno ci avrebbe molestato finchè il venti per cento dei nostri guadagni sarebbe stato pagato regolarmente. Così abbiamo cominciato a organizzare la nostra vita sul settanta per cento che ci restava, determinati a risparmiare quel dieci per cento in più.

Questo cambiamento, per noi, era come intraprendere un'avventura. Ci divertivamo a pensarla così e a vivere bene con quel settanta per cento che avevamo a disposizione. Abbiamo cominciato con l'affitto e siamo riusciti ad assicurarci una buona riduzione; poi abbiamo rinunciato alla nostra marca di tè preferita e ad altre cose di questo genere, meravigliandoci di riuscire spesso ad acquistare la qualità superiore ad un costo inferiore.

È una storia troppo lunga da descrivere in una lettera, comunque non è stata una cosa difficile: ce l'abbiamo fatta e anche molto allegramente. Siamo felici che ora i nostri affari procedano così bene da non essere più perseguitati dai debiti.

Non devo però dimenticare di parlarle di quel dieci per cento in più tutto per noi, che, in fondo, è la parte più spassosa. Questo è il vero divertimento, cominciare ad accumulare soldi che non si vogliono spendere.

Dopo averli fatti «tintinnare» a nostro piacimento, li abbiamo utilizzati nel modo più proficuo. Abbiamo iniziato un investimento nel quale versiamo quel dieci per cento mensile, e ciò si sta dimostrando la parte più soddisfacente della nostra ripresa. Infatti è la prima cosa che preleviamo dallo stipendio.

Sapere che il nostro investimento cresce con regolarità procura un gratificante senso di sicurezza. Quando non insegnerò più, sarà diventata una bella sommetta, la cui rendita potrà garantirci il nostro futuro.

Tutto questo io l'ho ottenuto con il mio solito stipendio. Anche se è difficile da credere, è tutto vero: mentre paghiamo gradualmente i nostri debiti, il nostro investimento cresce. Inoltre la nostra situazione finanziaria è molto migliorata.

Alla fine dell'anno prossimo, quando tutti i nostri conti saranno stati chiusi, potremo destinare delle cifre più alte al nostro investimento, oltre a disporre di qualcosa in più per viaggiare. Siamo decisi a non superare il settanta per cento nelle spese.

Ora lei capirà perché vorremmo estendere i nostri ringraziamenti a quel vecchio signore il cui piano ci ha salvati dal nostro "inferno in terra".

Lui lo sapeva: c'era già passato di persona. Voleva che gli altri imparassero dalle sue brutte esperienze. Questo è il motivo per cui ha trascorso lunghe ore ad incidere il suo messaggio sull'argilla.

Aveva un vero messaggio per i suoi compagni di sofferenza, un messaggio così importante che, cinquemila anni dopo, è emerso dalle rovine di Ba-

bilonia con lo stesso valore e la stessa vitalità che aveva il giorno in cui vi fu sepolto.
La saluto cordialmente,

Alfred H. Shrewsbury,

Dipartimento di Archeologia.

L'UOMO PIÙ FORTUNATO DI BABILONIA

SHARRU NADA, il principe dei mercanti di Babilonia, cavalcava orgogliosamente alla testa della sua carovana. Egli amava i tessuti lussuosi e indossava abiti ricchi ed eleganti. Amava gli animali di razza pura e sedeva con facilità sul suo impetuoso stallone arabo. Guardandolo, non si sarebbe potuta indovinare la sua età avanzata, e certamente nessuno avrebbe sospettato il suo tormento interiore.

Il viaggio da Damasco è lungo e le privazioni del deserto sono molte. A queste egli non faceva caso. Le tribù arabe sono feroci e bramose di depredare le ricche carovane, ma lui non le temeva grazie alle sue numerose e abili guardie a cavallo, che gli garantivano protezione sicura.

Lo turbava il pensiero del giovane che era al suo fianco e che stava portando da Damasco. Si chiamava Hadan Gula ed era il nipote del suo socio dei tempi passati, Arad Gula, per cui provava un debito di gratitudine che non avrebbe mai potuto ripagare. Avrebbe voluto fare qualcosa per questo suo nipote, ma per via del giovane stesso, più ci pensava e più difficile sembrava.

Osservando gli anelli e gli orecchini di questo giovane, pensava tra sé: «Egli pensa che i gioielli siano per gli uomini, eppure ha il viso forte di suo nonno. Ma suo nonno non si abbigliava in questa maniera. Comunque, l'ho voluto portare con me nella speranza di aiutarlo a realizzare qualcosa e ad uscire dalla miseria in cui suo padre aveva gettato la loro eredità».

Hadan Gula interruppe i suoi pensieri: «Perché lavori così duramente, accompagnando la tua carovana nei suoi lunghi viaggi? Non ti prendi mai del tempo per goderti la vita?».

Sharru Nada sorrise. «Godermi la vita?», ripetè. «Cosa faresti tu per goderti la vita, se fossi Sharru Nada?».

«Se avessi una ricchezza pari alla tua, vivrei come un principe. Non attraverserei mai a cavallo il deserto rovente. Spenderei i sicli con la stessa rapidità con cui entrano nelle mie tasche. Indosserei gli abiti più ricchi ed i gioielli più rari. Quella sarebbe la vita che piace a me, la vita degna di essere vissuta». Risero entrambi.

«Tuo nonno non indossava gioielli», disse Sharru Nada prima di pensare, poi continuò scherzando: «Non dedicheresti del tempo al lavoro?».

«Il lavoro è stato fatto per gli schiavi», rispose Hadan Gula.

Sharru Nada si morse le labbra ma non rispose, continuando a cavalcare in silenzio finché la pista non li condusse al pendio. Qui fermò il suo cavallo e, indicando la verde valle in lontananza, disse: «Vedi, lì c'è la valle. Se guardi più oltre potrai intravvedere le mura di Babilonia. La torre è il tempio di Bel. Se la tua vista è buona, riesci persino a vedere il fumo del fuoco eterno che sale dalla sua cima».

«Così, quella è Babilonia? Ho sempre desiderato vedere la città più ricca del mondo», commentò Hadan Gula. «Babilonia, dove mio nonno cominciò la sua fortuna. Se fosse ancora vivo, non ci troveremmo in questa situazione».

«Perché desiderare che il suo spirito si trattenga sulla terra più a lungo di quello che è stato stabilito? Tu e tuo padre potete benissimo continuare il suo buon lavoro».

«Purtroppo, noi non abbiamo il suo dono. Mio padre ed io non conosciamo il suo segreto su come fare fortuna».

Sharru Nada non rispose, ma fece ripartire il cavallo e cavalcò pensieroso lungo la pista che scendeva nella vallata. Dietro di loro seguiva la carovana in una nuvola di polvere rossastra. Poco più tardi raggiunsero la strada reale e svoltarono verso sud, attraversando delle fattorie irrigate.

Tre anziani contadini che aravano un campo attirarono l'attenzione di Sharru Nada. Gli apparvero stranamente familiari. Com'era possibile? Non capita a nessuno di passare da un campo quarant'anni dopo e ritrovare gli stessi uomini dietro l'aratro. Tuttavia, qualcosa dentro di lui gli diceva che erano gli stessi. Uno, con presa incerta, teneva l'aratro. Gli altri camminavano laboriosamente accanto ai buoi, colpendoli debolmente con dei punteruoli per farli continuare a tirare.

Quarant'anni prima aveva provato invidia per

questi uomini e avrebbe scambiato volentieri posto con loro! Ora invece le cose stavano diversamente: con orgoglio lanciò un'occhiata indietro alla carovana che lo seguiva e a tutti quei cammelli ed asini ben scelti, carichi di merce di valore proveniente da Damasco. E questa non era che una delle sue proprietà. Indicò i contadini e disse: «Stanno arando ancora lo stesso campo che stavano arando quarant'anni fa».

«Sembra proprio di sì, ma perché pensi che siano gli stessi?».

«Li ho visti con i miei occhi», rispose Sharru Nada.

I ricordi si stavano affollando rapidamente nella sua mente. Perché non poteva seppellire il passato e vivere nel presente? Poi vide, come in un quadro, il viso sorridente di Arad Gula. La barriera tra lui ed il cinico giovane che gli stava accanto si dissolse.

Ma come poteva aiutare un giovane così superbo, dalle idee dispendiose e le dita ingioiellate? Aveva parecchio lavoro da offrire a lavoratori volenterosi, ma nulla per chi si considerasse troppo prezioso per lavorare. Tuttavia, in nome di Arad Gula, doveva fare qualcosa, e non solo un misero tentativo. Lui ed Arad Gula non avevano mai fatto le cose in questo modo: non erano proprio quel tipo di uomini.

Gli venne in mente un'idea quasi in un lampo. C'erano alcune obiezioni: doveva aver riguardo per la sua famiglia e la sua posizione. Sarebbe stato crudele, e soprattutto doloroso. Essendo un uomo dalle decisioni immediate, mise da parte le obiezioni e decise di agire.

«Vuoi sapere come tuo nonno ed io ci siamo messi in società e abbiamo fatto fortuna?», domandò.

«Perché non dirmi soltanto come sei riuscito a guadagnare i sicli d'oro? È tutto ciò che ho bisogno di sapere», eluse abilmente il giovane.

Sharru Nada ignorò la risposta e continuò: «Cominciamo da quegli uomini nel campo. Non ero più giovane di te. Mentre la colonna di uomini nella quale io marciavo si avvicinava, il buon vecchio Megiddo, il contadino, schernì il modo in cui aravano. Megiddo era incatenato vicino a me. "Guarda quei pigri laggiù", protestò, "quello che tiene l'aratro non fa il minimo sforzo per arare a fondo, e i battitori non tengono i buoi dritti al solco. Come possono aspettarsi di far crescere un buon raccolto con una scarsa aratura?"».

«Hai detto che Megiddo era incatenato a te?», domandò sorpreso Hadan Gula.

«Sì, con dei collari di bronzo intorno al collo ed una pesante catena. Accanto a lui c'era Zabado, il ladro di pecore, che avevo conosciuto ad Haroun. In fondo c'era un uomo che chiamavamo Pirata, dato che non ci aveva voluto dire il suo nome. Pensavamo che fosse un marinaio perché aveva due serpenti attorcigliati tatuati sul petto. La colonna era formata in modo che gli uomini potessero camminare in fila per quattro».

«Eravate incatenati come schiavi?», domandò incredulo Hadan Gula.

«Tuo nonno non ti ha mai detto che un tempo io ero uno schiavo?».

«Ha spesso parlato di te, ma non me l'ha mai accennato».

«Era un uomo a cui si potevano svelare i segreti più intimi. Anche di te mi posso fidare, non è vero?». Sharru Nada lo fissò dritto negli occhi.

«Puoi contare sul mio silenzio, ma sono sorpreso. Dimmi, come hai fatto a diventare uno schiavo?».

Sharru Nada alzò le spalle: «Qualsiasi uomo può ritrovarsi schiavo. Sono state una casa da gioco e la birra d'orzo a portarmi alla rovina. Fui vittima della sconsideratezza di mio fratello, che durante una lite aveva ucciso un suo amico. Mio padre, disperatamente preoccupato di evitare il processo a mio fratello, mi affidò alla vedova dell'uomo assassinato. Ma dato che mio padre non riuscì a raccogliere abbastanza argento per riscattarmi, la donna, in un impeto d'ira, mi vendette al mercante di schiavi».

«Che vergogna e che ingiustizia!», protestò Hadan Gula. «Ma dimmi, come sei riuscito a riconquistare la libertà?».

«Arriveremo anche a quello, ma non ancora. Lasciami continuare la mia storia. Mentre passavamo, i contadini ci presero in giro. Uno si tolse il cappello stracciato e si inchinò profondamente, gridando: "Benvenuti a Babilonia, ospiti del re, che vi sta aspettando sulle mura della città dove è pronto un banchetto, a base di mattoni di fango e zuppa di cipolle". E risero fragorosamente alla battuta.

«Pirata si adirò e li maledisse in maniera colorita. "Cosa significa che il re ci sta aspettando sulle mura?", gli chiesi.

«"Marceremo fino alle mura della città per portare mattoni fino a spezzarci la schiena. Forse ci picchieranno a morte prima ancora che ci si spezzi. Ma non picchieranno me. Io li ucciderò".

«Allora parlò Megiddo: "Secondo me non è vero che i padroni picchiano a morte gli schiavi volenterosi e lavoratori. I padroni apprezzano i buoni schiavi e li trattano bene".

«"E chi vuole lavorare duramente?", commentò Zabado. "Quei contadini sono uomini saggi. Non si spezzano la schiena. Fanno solo credere di farlo".

«"Non si può ottenere qualcosa sottraendosi ai propri compiti", protestò Megiddo. "Se ari un ettaro, è il lavoro di una buona giornata ed il padrone lo sa. Ma se ari solo mezzo ettaro, significa che sei uno scansafatiche. Io non evito i miei compiti; mi piace lavorare e mi piace lavorare bene, perché il lavoro è il miglior amico che io abbia mai avuto. Mi ha procurato tutte le cose buone che ho posseduto: la mia fattoria, le mie mucche, i miei raccolti, tutto".

«"Sì, e dove sono queste cose ora?", lo canzonò Zabado. "Io credo che paghi di più essere furbi e cavarsela senza lavorare. Guardate Zabado: se saremo venduti alle mura, lui porterà la borsa dell'acqua o farà qualcosa di facile, mentre voi, che amate il lavoro, vi spezzerete la schiena trasportando mattoni", disse ridendo.

«Quella notte ero terrorizzato. Non riuscivo a dormire. Tenendomi vicino alla corda, mentre gli altri dormivano, attirai l'attenzione di Godoso che stava facendo il primo turno di guardia. Era un brigante arabo, quel tipo di delinquente che, dopo averti derubato, non ci avrebbe pensato due volte a tagliarti la gola.

«"Dimmi, Godoso", sussurrai, "quando arriveremo a Babilonia, saremo venduti alle mura?".

«"Perché lo vuoi sapere?", mi domandò con sospetto.

«"Non riesci a capire?", lo scongiurai. "Sono giovane. Voglio vivere. Non voglio lavorare o essere picchiato a morte sulle mura. Non c'è qualche possibilità per me di ottenere un buon padrone?".

«Mi rispose con un sussurro: "Tu sei uomo buono, non dai problemi a Godoso. Molte volte, prima, andiamo a mercato schiavi. Ascolta: quando compratori vengono, di' loro tu bravo lavoratore, ti piace lavoro duro per buon padrone. Fai che ti vogliono comprare. Tu non fai ti vogliono comprare, giorno dopo tu porti mattone. Lavoro molto duro".

«Dopo che si fu allontanato, mi sdraiai sulla sabbia calda, guardando le stelle e pensando al lavoro. Quello che Megiddo mi aveva detto riguardo al fatto che il lavoro era il suo migliore amico mi fece pensare che avrebbe potuto esserlo anche per me. Certamente lo sarebbe stato, se mi avesse aiutato a tirarmi fuori da quella situazione.

«Quando Megiddo si svegliò, gli sussurrai le mie buone notizie. Era il nostro raggio di speranza mentre marciavamo verso Babilonia. Quel pomeriggio tardi, quando ci avvicinammo alle mura, vedemmo le file di uomini che, come formiche nere, si arrampicavano su e giù per la ripida diagonale di sentieri. Man mano che ci facevamo più vicini, restavamo stupiti dalle migliaia di uomini al lavoro; alcuni scavavano nel fossato, altri mescolavano la polvere in mattoni di fango, ma i più trasportavano grosse ceste di mattoni sui sentieri ripidi che conducevano ai muratori*.

«I sorveglianti imprecavano contro i ritardatari e facevano schioccare le fruste sulla schiena di coloro che non riuscivano a stare in fila. Si vedevano dei poveretti stremati inciampare e cadere sotto il peso delle loro ceste, incapaci di rialzarsi. Se la frusta non riusciva a rimetterli in piedi, venivano spinti da un lato e lasciati lì, a contorcersi in agonia. Presto sarebbero stati trascinati giù ad aggiungersi agli altri poveri corpi abbandonati accanto al sentiero, in attesa di una sepoltura non consacrata. Alla vista dell'atroce spettacolo, rabbrividii. Dunque questo era il destino a cui sarebbe andato in-

* I famosi edifici dell'antica Babilonia: le sue mura, i templi, i giardini pensili e i grandi canali furono costruiti dal lavoro degli schiavi, principalmente prigionieri di guerra, e questo spiega il trattamento disumano a cui erano sottoposti. Questa forza lavoro includeva anche molti cittadini di Babilonia e delle province circostanti che erano stati venduti come schiavi per aver commesso dei crimini o a causa di problemi finanziari. Era consuetudine usare la propria persona, la propria moglie ed i figli come garanzia di pagamento per prestiti, sentenze legali o altri obblighi. Se il pagamento non veniva effettuato, le persone ad esso vincolate venivano vendute come schiavi.

contro il figlio di mio padre se avesse sbagliato al mercato degli schiavi.

«Godoso aveva ragione. Fummo portati attraverso le porte della città alla prigione degli schiavi e, la mattina seguente, ci fecero marciare ai recinti del mercato. Qui, tutti gli uomini si ammassarono spaventati e solo le frustate della nostra guardia riuscivano a farli muovere affinché i compratori li potessero esaminare. Megiddo ed io parlammo con entusiasmo a chiunque si avvicinasse a noi e ci permettesse di rivolgergli la parola.

«Il mercante di schiavi fece arrivare dei soldati della guardia del re che incatenarono Pirata e lo colpirono brutalmente quando egli protestò. Provai pena per lui quando lo portarono via.

«Megiddo sentiva che saremmo stati separati presto. Quando non ci furono compratori lì vicino, mi parlò con gravità per farmi capire il valore che avrebbe avuto il lavoro per me in futuro: "Alcuni lo odiano, al punto di farlo diventare un nemico. È meglio invece trattarlo come un amico. Fai in modo che ti piaccia. e non farci caso se è troppo duro. Se pensi a come sarà bella la casa che stai costruendo, non ti importerà se le travi saranno pesanti e se il pozzo da cui si prende l'acqua per mescolare il gesso sarà lontano. Promettimi, ragazzo, se troverai padrone, di lavorare per lui più duramente che puoi. Se non apprezza tutto quello che fai, non importa. Ricorda, il lavoro ben fatto rende bene all'uomo che lo compie. Lo fa diventare un uomo migliore". Si interruppe all'avvicinarsi di un robusto contadino che ci guardò attentamente.

«Megiddo gli fece alcune domande sulla sua fattoria e sui raccolti, convincendolo che avrebbe fatto al caso suo. Dopo una violenta contrattazione con il mercante di schiavi, il contadino estrasse un ricco borsellino da sotto la tunica e poco dopo Megiddo seguì il suo nuovo padrone fino a che uscì dalla mia vista.

«Pochi altri uomini furono venduti durante la mattinata. A mezzogiorno, Godoso mi confidò che il mercante era deluso, e non si sarebbe trattenuto un'altra notte, ma avrebbe portato tutti quelli che sarebbero rimasti al tramonto dal compratore del re. Stavo iniziando a disperarmi, quando un uomo grasso e dall'aria gioviale si avvicinò al muro e domandò se tra di noi vi fosse un panettiere.

«Gli andai incontro dicendo: "Perché un bravo panettiere come voi ne cerca un altro meno bravo? Non sarebbe più facile insegnare le vostre esperte doti ad un uomo volenteroso come me? Guardatemi, sono giovane, forte, e mi piace lavorare. Datemi una possibilità ed io farò del mio meglio per procurarvi oro e argento".

«Restò impressionato dal mio entusiasmo e cominciò a trattare con il mercante che pur non essendosi accorto più di me da quando mi aveva acquistato, ora incensava eloquentemente le mie capacità, la mia buona salute ed il mio buon carattere. Mi sentivo come un grasso bue venduto al macellaio. Finalmente, con mia grande gioia, la trattativa fu chiusa. Seguii il mio nuovo padrone, pensando di essere l'uomo più fortunato di Babilonia.

«La mia nuova casa era di mio gradimento. Nana-naid, il mio padrone, mi insegnò a macinare l'orzo nella conca di pietra che stava in cortile, come preparare il fuoco nel forno e come macinare molto finemente la farina di sesamo per le tortine di miele. Avevo un giaciglio nel capannone dove immagazzinava il suo grano. La sua vecchia schiava governante, Swasti, mi nutriva bene ed era contenta del modo in cui l'aiutavo nei compiti pesanti.

«Questa era l'occasione che aspettavo per rendermi utile al mio padrone e, come speravo, per trovare un modo per guadagnarmi la libertà.

«Chiesi a Nana-naid di mostrarmi come impastare e cuocere il pane, e lui acconsentì, molto soddisfatto della mia buona volontà. Poi, quando mi fui impratichito, gli domandai di mostrarmi come preparare le tortine di miele, e, di lì a poco, a lavorare al forno c'ero solo io. Il mio padrone era contento di oziare, ma Swasti scuoteva il capo in disapprovazione. "Non lavorare per niente è male per qualunque uomo", dichiarò.

«Sentivo che era il momento di escogitare un modo per cominciare a guadagnare del denaro con cui potermi comprare la libertà. Dato che il lavoro al forno terminava a mezzogiorno, pensai che Nana-naid avrebbe approvato che io mi trovassi un impiego proficuo nel pomeriggio e che in cambio dividessi con lui i miei guadagni. Poi mi venne in mente un pensiero: perché non cuocere altre tortine di miele e venderle per le strade della città a chi le voleva?

«Presentai così il mio progetto a Nana-naid: "Se io potessi utilizzare i miei pomeriggi, dopo il lavoro al forno, per procurarmi delle monete, non sarebbe giusto che tu dividessi con me i miei guadagni, affinché io possa avere dei soldi miei per acquistare quelle cose che ogni uomo desidera e di cui ha bisogno?”.

«“Giusto, giusto”, ammise. Quando gli raccontai il mio progetto di vendere le nostre tortine di miele, si mostrò molto contento. “Ecco come faremo”, suggerì. “Tu vendine due per una moneta: metà delle monete saranno mie per pagare la farina, il miele e la legna per cuocerle; di quello che resta, io prenderò metà e tu terrai l’altra metà”.

«Ero molto soddisfatto della sua generosa offerta di lasciarmi un quarto delle vendite. Quella notte lavorai fino a tarda ora per preparare un vassoio sul quale disporle. Nana-naid mi diede un suo abito dismesso, perché avessi un buon aspetto, e Swasti mi aiutò a rattopparlo e a lavarlo.

«Il giorno dopo feci cuocere un’informata in più di tortine di miele. Avevano un aspetto invitante sul vassoio, mentre camminavo per la via annunciando a voce alta ciò che vendevo. All’inizio nessuno sembrava interessato, perciò mi scoraggiai. Comunque non mi arresi e, più tardi nel pomeriggio, quando la fame si fece sentire tra i passanti, cominciai a vendere le tortine e presto il mio vassoio fu vuoto.

«Nana-naid fu molto soddisfatto del mio successo e mi pagò volentieri la mia parte. Ero felice di possedere delle monete. Megiddo aveva avuto ragione quando aveva detto che un padrone apprezza il buon lavoro dei suoi schiavi. Quella notte ero così eccitato per il mio successo che quasi non riuscivo a dormire; così cercai di calcolare quanto avrei potuto guadagnare in un anno e quanti anni sarebbero stati necessari per riacquistare la mia libertà.

«Andando in giro tutti i giorni con il mio vassoio di tortine, mi creai presto dei clienti regolari. Uno di questi era tuo nonno, Arad Gula, un mercante di tappeti che vendeva alle massaie andando da un capo all'altro della città, con un asino carico di tappeti e uno schiavo nero che lo accudiva. Comprava due tortine per sé e due per il suo schiavo, fermandosi sempre a parlare con me, mentre le mangiava.

«Tuo nonno un giorno mi disse una cosa che ricorderò sempre. "Mi piacciono le tue tortine, ragazzo, ma ancor di più mi piace l'entusiasmo con cui le offri: questo spirito ti porterà lontano sulla strada del successo".

«Ma come puoi capire, Hadan Gula, che significato potevano avere quelle parole di incoraggiamento per un giovane schiavo, da solo in una grande città, che cercava in tutti i modi di uscire da quella umiliazione?

«Con il passare dei mesi continuavo ad aggiungere soldi alla mia borsa, che si faceva sentire piacevolmente pesante alla mia cintura. Il lavoro stava dimostrandosi il mio migliore amico, proprio come aveva detto Megiddo. Io ero felice, ma Swasti era preoccupata.

«"Temo che il tuo padrone stia passando troppo tempo alle case da gioco", protestava.

«Fui estremamente felice, un giorno, di incontrare per strada il mio amico Megiddo. Stava conducendo tre asini carichi di verdura al mercato. "Mi sta andando molto bene", disse. "Il mio padrone apprezza il mio lavoro, infatti ora sono diventato caposquadra. Vedi, ha affidato a me di occuparmi del mercato, e inoltre ha mandato a prendere la mia famiglia. Il lavoro mi sta aiutando a riscattare i miei grossi guai. Un giorno mi aiuterà ad acquistare la mia libertà e a possedere ancora una fattoria tutta mia".

«Il tempo trascorse e Nana-naid era sempre più ansioso che tornassi dalla vendita. Era lì ad aspettarmi al ritorno e si metteva subito a contare e a dividere i nostri soldi. Inoltre, mi incitava a cercare nuovi mercati per incrementare le mie vendite.

«Spesso uscivo dalla città per recarmi dai guardiani degli schiavi che costruivano le mura. Odiavo ritornare a quella vista orrenda, ma trovavo che i sorveglianti erano dei buoni clienti. Un giorno fui sorpreso nel vedere Zabado in fila per riempire il suo cesto di mattoni. Era emaciato e curvo, la sua schiena era coperta di piaghe e cicatrici provocate dalle frustate dei sorveglianti. Ebbi pena di lui e gli diedi una tortina che si cacciò in bocca come un animale affamato. Vedendo lo sguardo avido che aveva negli occhi, scappai prima che potesse afferrare tutto il vassoio.

«"Perché lavori così duramente?", mi chiese Arad Gula un giorno. Quasi la stessa domanda che mi hai fatto tu oggi, ricordi? Gli dissi ciò che aveva detto Megiddo riguardo al lavoro e come mi stesse appassionando. Gli mostrai con orgoglio la mia borsa di monete e gli dissi che avevo intenzione di conquistarmi la libertà.

«"Cosa farai quando sarai libero?".

«"Intendo diventare un mercante", risposi.

«A quel punto mi confidò una cosa che non avevo mai sospettato: "Tu non sai che anch'io sono uno schiavo. Sono in società con il mio padrone"».

«Basta», protestò Hadan Gula. «Non ascolterò bugie infamanti su mio nonno. Non è mai stato uno schiavo». I suoi occhi mandavano bagliori di ira.

Sharru Nada restò calmo. «Io lo rispetto perché ha saputo emergere dalla sua condizione diventando un importante cittadino di Damasco. Non sei tu, suo nipote, fatto dello stesso stampo? Sei abbastanza uomo da guardare in faccia la realtà, o preferisci vivere sotto false illusioni?».

Hadan Gula si raddrizzò nella sua sella. Con voce rotta da una profonda emozione rispose: «Mio nonno era amato da tutti; le sue opere buone furono illimitate. Quando ci fu la carestia, con il suo oro acquistò il grano in Egitto e con la sua carovana lo portò a Damasco per distribuirlo alla gente, affinché nessuno morisse di fame. Ora tu insinui che non era che uno spregevole schiavo a Babilonia?».

«Se fosse rimasto schiavo a Babilonia, allora sarebbe stato sì spregevole, ma quando, grazie ai suoi sforzi, diventò una persona importante a Damasco, gli dei gli perdonarono le sue sventure e lo onorarono con il loro rispetto», rispose Sharru Nada.

«Dopo avermi detto che era uno schiavo», proseguì Sharru Nada, «mi spiegò che anch'egli aveva deciso di guadagnarsi la libertà, ma ora che aveva abbastanza soldi per riscattarsi era molto indeciso sul da farsi. Non stava più concludendo buoni affari e gli dispiaceva non dare più il suo sostegno al suo padrone.

«Contestai la sua indecisione: "Non restare più legato al tuo padrone! Riconquistati la sensazione di libertà. Comportati come un uomo libero! Decidi cosa desideri ottenere e poi il tuo lavoro ti aiuterà a raggiungerlo!". Egli andò per la sua strada dicendo di essere felice che io gli avessi rinfacciato la sua vigliaccheria*.

«Un altro giorno che uscii dalle porte della città, fui sorpreso di trovarvi una gran folla radunata. Quando chiesi spiegazioni ad un uomo, questo rispose: "Non hai sentito? Uno schiavo che era fuggito ed aveva assassinato una guardia del re è stato processato e oggi sarà fustigato a morte per il suo crimine. Sarà presente anche il re in persona".

«La folla era così densa intorno al palo della fustigazione che temevo di avvicinarmi per paura che il mio vassoio di tortine di miele venisse rovesciato.

* La vita degli schiavi nell'antica Babilonia, benché a noi possa sembrare strano, era regolata severamente dalla legge. Per esempio, uno schiavo poteva possedere proprietà di qualsiasi genere, persino altri schiavi su cui il suo padrone non aveva alcun diritto. Gli schiavi potevano sposarsi liberamente con chi non era schiavo e i figli di madri libere erano liberi. Molti mercanti erano schiavi e molti erano in società con i loro padroni, e dunque potevano essere anche ricchi.

Quindi mi arrampicai sulle mura non ancora terminate per vedere oltre le teste delle persone. Ebbi la fortuna di scorgere Nabucodonosor in persona arrivare sulla sua carrozza dorata: non avevo mai visto una tale magnificenza, con tutti quegli abiti e drappi di tessuto d'oro e velluto.

«Non riuscivo a vedere la fustigazione, ma sentivo le urla del povero schiavo. Mi chiesi come un uomo così nobile come il nostro gran re potesse sopportare la vista di tanta sofferenza, eppure quando vidi che stava ridendo e scherzando con il suo seguito, compresi la sua crudeltà e per quale motivo agli schiavi impegnati nella costruzione delle mura fossero richieste delle imprese così disumane.

«Quando lo schiavo morì, il suo corpo fu appeso a testa in giù affinché fosse visibile a tutti. Visto che la folla cominciava a scemare, mi avvicinai e notai sul suo petto villoso il tatuaggio di due serpenti intrecciati: era Pirata.

«La volta successiva, quando incontrai Arad Gula, era un uomo diverso. Mi salutò con grande entusiasmo: "Guarda, lo schiavo che conoscevi è finalmente un uomo libero. C'era della magia nelle tue parole: le mie vendite ed i miei profitti stanno già incrementando e mia moglie è fuori di sé dalla gioia. Era una donna libera, la nipote del mio padrone, e ora desidera che ci trasferiamo in una città straniera dove nessuno conosca il mio passato di schiavo e lo possa rinfacciare ai nostri figli. Il lavoro è diventato il mio migliore aiutante, mi ha permesso di ritrovare la fiducia e la capacità di vendere".

«Ero felice di essere riuscito nel mio piccolo a

ripagarlo per l'incoraggiamento che mi aveva dato.

«Una sera Swasti venne da me sconvolta: "Il tuo padrone è nei guai. Ho paura per lui. Alcuni mesi fa ha perso molto alle tavole da gioco. Non paga più il contadino per il grano, né per il miele. Non paga più il prestasoldi. Ora sono in collera con lui e lo minacciano".

«"Perché dovremmo preoccuparci per la sua follia? Non siamo i suoi guardiani", risposi sconsideratamente.

«"Sciocco, tu non capisci. Al prestasoldi ha dato il tuo nome per garantire il prestito. Per legge egli può richiederti e venderti. Non so cosa fare. È un bravo padrone. Perché? Perché gli sono dovuti capitare questi guai?".

«I timori di Swasti non erano senza fondamento. Mentre lavoravo al forno, il mattino seguente, il prestasoldi si presentò con un uomo chiamato Sasi, che mi squadrò e disse che potevo andare.

«L'usuraio non attese il ritorno del mio padrone, ma disse a Swasti di riferirgli che mi aveva preso. Con il solo mantello che indossavo e la borsa di monete appesa saldamente alla mia cintura, fui condotto via lasciando il lavoro a metà.

«Fui strappato dalle mie più alte speranze come l'uragano sradica l'albero dalla foresta e lo getta nel mare spumeggiante. Ancora una volta, una casa da gioco e la birra d'orzo erano state la causa della mia rovina.

«Sasi era un uomo scorbutico e sgarbato. Mentre mi conduceva attraverso la città, gli dissi dell'ottimo lavoro che avevo fatto per Nana-naid e che speravo di fare altrettanto per lui. La sua risposta non mi diede alcun incoraggiamento:

«“Non mi piace questo lavoro e non piace nemmeno al mio padrone. Il re gli ha detto di mandarmi a costruire una sezione del Canale Grande. Il padrone dice a Sasi di comprare altri schiavi, lavorare duro e finire in fretta. Mah, come si può finire un grande lavoro in fretta?”.

«Immagina il deserto, senza alberi, ma solo bassi arbusti ed un sole che arde al punto che l'acqua nei nostri barili diventava troppo calda da bersi. Poi immagina file di uomini scendere nel profondo degli scavi e, dalle prime luci dell'alba fino a sera, trascinare pesanti cesti di detriti sui sentieri impervi e impolverati. Immagina il cibo sistemato in truogoli aperti dai quali ci servivamo da soli come maiali. Per dormire non avevamo tende, né paglia. Fu questa la situazione in cui mi trovai. Seppellii la mia borsa in un punto segnato, con la speranza di ritrovarla un giorno.

«Dapprima lavorai con buona volontà, ma poi, con il passare dei mesi, sentii che il mio entusiasmo stava cedendo. Poi la febbre si impossessò del mio corpo stremato; persi l'appetito e a malapena riuscivo a mangiare il montone con le verdure. Di notte mi rigiravo in una veglia infelice.

«Nella mia disperazione, mi chiesi se il piano di Zabado, quello che evitava il lavoro per risparmiarsi la schiena non fosse il migliore. Poi rammentai l'ultima volta che l'avevo visto e riconobbi che il suo piano non era buono.

«Pensai a Pirata con la sua amarezza e mi domandai se non sarebbe stato meglio combattere e uccidere. Il ricordo del suo corpo sanguinante mi rammentò che anche il suo piano era inutile.

«Poi ricordai l'ultima volta che avevo visto Megiddo. Le sue mani erano segnate dal duro lavoro, ma il suo cuore era sereno e c'era felicità sul suo volto. Il suo era il piano migliore.

«Eppure anch'io avevo la stessa voglia di lavorare di Megiddo; non poteva aver lavorato più duramente di me. Perché il mio lavoro non mi aveva procurato felicità e successo? Era stato il lavoro il motivo di felicità per Megiddo, o forse la felicità ed il successo erano semplicemente nelle mani degli dei? Avrei dovuto lavorare per il resto della mia vita senza raggiungere i miei desideri, senza felicità e successo? Tutte queste domande si affollavano nella mia mente e non avevo la risposta.

«Parecchi giorni più tardi, quando la mia resistenza sembrava essere giunta alla fine, Sasi mi mandò a chiamare. Era arrivato un messaggero da parte del mio padrone per riportarmi a Babilonia. Recuperai la mia borsa preziosa, e montai in sella dietro il messaggero.

«Mentre cavalcavamo, fui travolto da un vorticoso uragano di pensieri. Mi sembrava di vivere le strane parole di un canto della mia città natale di Harroun:

Perseguitando un uomo come un turbine,
Trascinandolo come una tempesta,
Il cui percorso nessuno può seguire,
Il cui destino nessuno può prevedere.

«Ero destinato ad essere sempre punito per qualcosa che non conoscevo? Quali erano le nuove miserie e delusioni che mi attendevano?

«Nel momento in cui entrammo nel cortile della casa del mio padrone, immagina la sorpresa che provai quando vidi Arad Gula che mi aspettava. Mi aiutò a smontare e mi abbracciò come un fratello perduto da tempo.

«Mentre ci incamminammo, volli stargli dietro come uno schiavo che segue il suo padrone, ma lui non me lo permise. Mi mise un braccio intorno dicendo: "Ti ho cercato dappertutto. Ero sul punto di rinunciare, quando incontrai Swasti che mi raccontò dell'usuraio, che infine mi indirizzò al tuo nobile proprietario. La trattativa è stata difficile e ho dovuto pagare un prezzo altissimo, ma tu lo vali. La tua filosofia e la tua impresa sono state per me fonte di ispirazione per questo nuovo successo".

«"La filosofia di Megiddo, non la mia", lo interruppi.

«"Di Megiddo e tua. Grazie a voi due, stiamo andando a Damasco ed io ho bisogno di te come socio. Vedi", esclamò, "tra un attimo tu sarai un uomo libero!". Dicendo così estrasse dal suo mantello la tavoletta di argilla con sopra inciso il mio nome. La sollevò sopra la sua testa e la lanciò a terra per frantumarla in mille pezzi. Con gioia pestò i frammenti fino a ridurli in polvere.

«I miei occhi si riempirono di lacrime di gratitudine. Sapevo di essere l'uomo più fortunato di Babilonia.

«Il lavoro, nel momento della mia disperazione

più grande, si è rivelato il mio migliore amico. La mia voglia di lavorare mi ha permesso di non essere venduto come schiavo sulle mura e, inoltre, ha fatto sì che tuo nonno mi scegliesse come suo socio".

Hadan Gula allora domandò: «Era il lavoro la chiave segreta di mio nonno per fare fortuna?».

«Era l'unica chiave che possedeva quando lo incontrai la prima volta», rispose Sharru Nada. «Tuo nonno amava lavorare. Gli dei apprezzavano i suoi sforzi e lo hanno ricompensato generosamente».

«Comincio a capire», Hadan Gula disse pensieroso. «Il lavoro ha attirato tutti i suoi amici che ammirarono la sua industriosità e il successo che essa generava. Il lavoro gli ha procurato gli onori di cui egli godeva tanto a Damasco. E io che pensavo che il lavoro fosse solo degno degli schiavi».

«La vita è ricca di cose piacevoli», commentò Sharru Nada. «Sono felice che il lavoro non sia riservato agli schiavi, perché, se così fosse, io sarei privato di uno dei miei maggiori piaceri. Amo molte cose, ma nessuna può sostituire il lavoro».

Sharru Nada e Hadan Gula cavalcarono all'ombra delle mura torreggianti fino alle massicce porte di bronzo di Babilonia. Al loro arrivo, le guardie della porta si misero sull'attenti e salutarono rispettosamente un cittadino onorato. A testa alta Sharru Nada condusse la lunga carovana attraverso la porta e su per le strade della città.

«Ho sempre sperato di diventare come mio nonno», gli confidò Hadan Gula. «Mai, prima d'ora, mi ero reso conto di che tipo di uomo fosse.

Tu me lo hai mostrato. Ora che ho capito, lo ammiro ancora di più e sento di essere più deciso a seguire le sue orme. Temo che non potrò mai ripagarti per avermi dato la vera chiave del suo successo. Da questo giorno in poi, userò la sua chiave; comincerò umilmente, come ha cominciato lui, e farò a meno di tutti questi gioielli e abiti raffinati che poco si adattano alla mia vera condizione».

Così dicendo Hadan Gula si strappò i gioielli di dosso e, tirando le redini del suo cavallo, ripiegò indietro e cavalcò con profondo rispetto dietro il capo della carovana.

UN PROFILO STORICO DI BABILONIA

NELLE PAGINE dei libri di storia, non esiste una città più affascinante di Babilonia. Anche solo il suo nome evoca immagini di ricchezza e di splendore. I suoi tesori e i suoi gioielli erano favolosi. Si potrebbe credere che una città talmente ricca fosse situata in uno scenario tropicale, circondata da foreste lussureggianti e grandi miniere. Non era affatto così: sorgeva accanto al fiume Eufrate, in una valle piatta e arida; non aveva foreste, né miniere e neppure le pietre per edificare. Non si trovava nemmeno su una rotta di commercio e le piogge non erano sufficienti a far crescere i raccolti.

Babilonia è un eccezionale esempio di come l'uomo sia in grado di raggiungere grandi obiettivi impiegando qualunque mezzo a sua disposizione. Tutte le risorse che sostenevano questa grande città furono sviluppate dall'uomo; tutte le sue ricchezze furono create dall'uomo.

Babilonia possedeva solo due risorse naturali: un terreno fertile e l'acqua del fiume. Con una delle più grandi opere ingegneristiche che siano mai state compiute, gli ingegneri babilonesi deviarono l'acqua del fiume attraverso le dighe e degli immensi canali di irrigazione. Grazie a questi canali, l'acqua, foriera di vita, arrivava nell'arida valle. Fu una delle prime imprese ingegneristiche della storia che permise di ottenere dei raccolti che il mondo non aveva mai visto così abbondanti.

Fortunatamente, durante la sua lunga esistenza, Babilonia fu governata da una serie continua di re che non ritenevano fondamentale la conquista e l'aggressione. Anche se fu impegnata in varie guerre, molte di queste erano locali o di difesa contro quei conquistatori ambiziosi, provenienti da altri paesi, che bramavano i favolosi tesori di Babilonia. I governanti di Babilonia sopravvivono nella storia, grazie alla loro saggezza, intraprendenza e giustizia. Babilonia non ha prodotto monarchi superbi che cercassero di conquistare tutto il mondo, affinché tutte le nazioni rendessero omaggio al loro egocentrismo.

Come città, Babilonia non esiste più. Quando le dinamiche forze umane che costruirono e mantennero la città per migliaia di anni si ritirarono, essa divenne presto un rudere abbandonato. Il luogo dove sorgeva la città si trova in Asia, circa seicento miglia ad est del canale di Suez, appena a nord del Golfo Persico. La latitudine è di circa trenta gradi sopra l'Equatore, ed il clima caldo e secco.

Oggi la valle dell'Eufrate, un tempo popolata e coltivata, è di nuovo un'arida distesa battuta dal vento. La poca erba e gli arbusti del deserto lottano per sopravvivere tra le sabbie portate dai venti. I campi fertili, le grandi città e le lunghe carovane di ricche mercanzie sono scomparsi. Gli unici abitanti sono delle tribù di nomadi arabi, che si assicurano una misera esistenza curando piccoli greggi. Ed è stato così dall'inizio, circa, del cristianesimo.

La valle è punteggiata di montagne di terra, che per secoli sono state ignorate dai viaggiatori. Poi, dei cocci di vasellame e di mattoni trascinati giù dalle piogge attirarono l'attenzione degli archeologi che organizzarono delle spedizioni finanziate da musei europei e americani, per scavare e vedere cosa si poteva trovare. I picconi svelarono presto che queste montagne erano antiche città, sepolcri di città come si potrebbero giustamente definire.

Babilonia era una di queste. I venti l'avevano coperta di polvere del deserto per ben venti secoli. Originariamente costruiti di mattoni, tutti i muri esposti si sono disintegrati. Babilonia, la città ricca, oggi non è che un cumulo di terra, abbandonata da così tanto tempo che nessuno sapeva della sua esistenza finché non fu scoperta togliendo con cautela i detriti dalle strade e dalle rovine crollate dei suoi nobili templi e palazzi.

Molti scienziati ritengono che la civiltà di Babilonia e quelle di altre città di questa valle siano le più antiche di cui esistano delle testimonianze precise. Hanno stabilito delle date sicure risalenti a ottomila anni fa. I metodi con cui hanno stabilito le date sono molto interessanti. Nascoste sotto le rovine di Babilonia, c'erano le descrizioni di un'eclissi di sole. Gli astronomi moderni calcolarono quando si verificò questa eclissi, visibile a Babilonia, e quindi stabilirono la relazione, con un dato conosciuto, tra il loro calendario ed il nostro.

In questo modo abbiamo dimostrato che, ottomila anni fa, i sumeri, che abitavano a Babilonia, vivevano in città cinte da mura.

Per quanti secoli antecedenti fossero esistite città simili, si può solo ipotizzare. I loro abitanti non erano semplici barbari che vivevano all'interno di mura di protezione, ma un popolo istruito e intelligente. Stando alla documentazione, essi furono i primi ingegneri, i primi astronomi, i primi matematici, i primi economi ed il primo popolo ad avere una lingua scritta.

Abbiamo già menzionato il sistema di irrigazione che trasformò l'arida valle in un paradiso agricolo. Si possono ancora seguire i resti di questi canali, anche se sono per lo più pieni di sabbia. Alcuni di essi erano così grandi che, togliendo l'acqua, avrebbe potuto cavalcarci una dozzina di cavalli affiancati.

Oltre ad irrigare i terreni della valle, gli ingegneri babilonesi elaborarono un sistema di drenaggio, grazie al quale recuperarono un'immensa area di terra paludosa, alle bocche dei fiumi Tigri ed Eufrate, e la destinarono alla coltivazione.

Erodoto, il viaggiatore e storico greco, visitò Babilonia quando era nel suo pieno splendore, e ci ha fornito l'unica descrizione che si conosca della città vista da un forestiero. I suoi scritti ci danno un resoconto dell'aspetto della città, di alcune usanze insolite dei suoi abitanti e fanno cenno alla straordinaria fertilità dei terreni e agli abbondanti raccolti di grano e d'orzo che essi producevano.

La gloria di Babilonia è svanita, ma la sua saggezza si è conservata a nostro beneficio. In quell'epoca lontana, l'uso della carta non era ancora stato inventato. Al suo posto, incidevano faticosamente i loro scritti sulle tavole di argilla umida, che, una volta completate, venivano cotte e conservate.

Queste tavolette d'argilla venivano usate proprio come noi usiamo le forme moderne di scrittura, incidendovi sopra leggende, poesie, trascrizioni di decreti reali, leggi, titoli di proprietà, cambiali e persino lettere che venivano portate dai messaggeri in città lontane. Queste tavolette d'argilla possono rivelarci gli affari intimi e personali della gente. Per esempio, una tavoletta che sembrerebbe essere stata annotata da un bottegaio di campagna riporta che, in tale data, un certo cliente portò una mucca e la scambiò per sette sacchi di grano, tre da consegnare subito e gli altri quattro in attesa di un nuovo ordine del cliente.

Seppellite al sicuro tra le rovine delle città, gli archeologi hanno recuperato intere biblioteche di queste tavolette, centinaia di migliaia.

Una delle meraviglie di spicco di Babilonia furono le immense mura che circondavano la città. Gli antichi le annoveravano, insieme alla grande piramide d'Egitto, tra le «sette meraviglie del mondo». La costruzione delle prime mura è attribuita alla regina Semiramide. Gli scavi recenti non sono stati in grado di far emergere nessuna traccia delle mura originali, e nemmeno di risalire alla loro esatta altezza. Dagli accenni fatti da antichi scrittori si stima che fossero alte dai quindici ai diciotto metri, con la facciata di mattoni cotti e un profondo fossato d'acqua.

Le mura successive e più famose furono cominciate circa seicento anni prima del cristianesimo dal re Nabopolassar. Fece un piano di ricostruzione su scala così gigantesca, da non vivere abbastanza a lungo per poter vedere la fine dei lavori. Questa fu affidata a suo figlio, Nabucodonosor, il cui nome è familiare nella storia della Bibbia.

L'altezza e la lunghezza di queste mura più recenti va al di là della nostra immaginazione. Fonti autorevoli ne hanno riportato un'altezza di circa cinquanta metri. La lunghezza totale si stima tra le nove e le undici miglia. La sua sommità era così larga che vi si sarebbe potuto fare una corsa tutto intorno con una carrozza trainata da sei cavalli. Di questa incredibile struttura, oggi rimane molto poco al di fuori di alcuni resti delle fondamenta e del fossato. In aggiunta all'erosione del tempo gli arabi ne completarono la distruzione portando via i mattoni per utilizzarli altrove.

Contro le mura di Babilonia marciarono gli eserciti vittoriosi di quasi ogni conquistatore di quell'epoca di guerre e di saccheggi. Una miriade di sovrani cinse d'assedio Babilonia, ma sempre invano. Gli eserciti invasori, allora, non erano da considerare alla leggera: gli storici parlano di formazioni di 10.000 cavalieri, 25.000 carri, 1.200 reggimenti di fanteria con 1.000 uomini per reggimento. Spesso erano richiesti due o tre anni di preparazione per raccogliere i materiali da guerra e le scorte di cibo.

La città di Babilonia era organizzata in maniera molto simile a quella di una moderna città. C'erano strade e negozi; gli ambulanti offrivano i loro prodotti nei quartieri residenziali; i sacerdoti officiavano in templi magnifici. Nella città c'era una zona cintata interna destinata ai palazzi reali, le cui mura sembra che fossero più alte di quelle esterne alla città.

I babilonesi erano abili artisti. Queste arti includevano la scultura, la pittura, la tessitura, la lavorazione dell'oro e la fabbricazione di armi di metallo e di attrezzi agricoli. I loro gioiellieri creavano i gioielli più raffinati. Molti esemplari sono stati recuperati dalle tombe dei suoi ricchi cittadini e sono ora esibiti nei più importanti musei del mondo.

In un periodo molto antico, quando il resto del mondo per abbattere gli alberi usava ancora le accette di pietra, le lance e le frecce dalla punta di selce per la caccia, i babilonesi usavano accette, lance e frecce con punte di metallo.

I babilonesi erano finanzieri e commercianti intelligenti. Per quanto ne sappiamo, furono gli inventori della moneta come mezzo di scambio, di cambiali e titoli di proprietà scritti.

Babilonia non fu mai invasa da eserciti ostili fino a quasi 540 anni prima della nascita di Cristo. E anche allora, le mura non furono espugnate. La storia della caduta di Babilonia è molto insolita. Ciro, uno dei grandi conquistatori di quel periodo, intendeva attaccare la città e sperava di prendere le sue mura inespugnabili. I consiglieri di Nabonidus, re di Babilonia, lo persuasero ad andare incontro a Ciro e a dargli battaglia senza aspettare che la città fosse messa sotto assedio. Dopo la sua sconfitta, l'esercito babilonese fuggì dalla città. Ciro, a quel punto, entrò passando attraverso le porte aperte e ne prese possesso senza alcuna resistenza.

Da lì in avanti, il potere e il prestigio della città diminuirono gradualmente finché, dopo qualche centinaio di anni, fu abbandonata, e lasciata in balia del vento e delle tempeste che la rasero al suolo riportandola ad essere quella terra deserta dalla quale un tempo era riuscita ad emergere con tutta la sua magnificenza. Babilonia era caduta per non risorgere mai più. La civiltà comunque le deve molto.

Le forze del tempo hanno sbriciolato le sue mura imponenti, ma la saggezza di Babilonia vive ancora.

INDICE

Napoleon Hill
PIANO DI AZIONE POSITIVA
365 meditazioni per fare di ogni giorno un successo
pp. 232

«Anche un viaggio di mille chilometri inizia con passo», dice un proverbio. Il primo passo verso il proprio miglioramento, il successo e la felicità è semplice come aprire questo libro – una vera e propria guida giornaliera –, andare alla data di oggi e iniziare – adesso – a muoversi verso il successo di domani.
Napoleon Hill – uno dei primi e più grandi scrittori motivazionali del mondo, ispiratore di Og Mandino – fornisce la carica e le idee giuste a chiunque sia determinato a trasformare in realtà i suoi sogni e le sue speranze.
Con la sua filosofia AMP (Atteggiamento Mentale Positivo) ha aiutato milioni di persone a realizzarsi nella vita. È possibile applicare i suoi princìpi in ogni occasione della vita quotidiana, nel lavoro come nelle relazioni interpersonali, grazie al nutrimento per l'anima che queste pagine ci regalano.

Napoleon Hill
LE CHIAVI DEL PENSIERO POSITIVO
10 passi verso benessere e successo
pp. 160

Posso farcela! Ecco le due parole che possono trasformare la nostra vita. Attraverso un programma molto efficace e semplice da seguire, questo libro fornisce tutti i princìpi, le tecniche e l'incoraggiamento necessari per acquisire un atteggiamento positivo e trasformare i propri sogni in realtà.
Napoleon Hill con questa guida ci svela i segreti per:

- **concentrarsi sugli obiettivi da raggiungere;**
- **trasformare i problemi in opportunità;**
- **superare la paura di sbagliare;**
- **canalizzare l'energia creativa;**
- **massimizzare le proprie doti personali.**

Chiunque cerchi una via per migliorare se stesso troverà entusiasmante, accessibile ed estremamente efficace la proposta di Napoleon Hill. Attraverso dei test basati su situazioni concrete, ognuno potrà verificare se il proprio atteggiamento – sul lavoro, in famiglia o con gli amici – è davvero positivo.

Og Mandino
IL PIÙ GRANDE VENDITORE DEL MONDO
Audiolibro

Con una breve introduzione in lingua originale con la voce dell'autore motivazionale più amato, questo classico ha venduto più di 15 milioni di copie nel mondo.

Il più grande venditore del mondo racconta la leggenda di Hafid, un ragazzo che viveva circa duemila anni fa lavorando come cammelliere e che un giorno viene in possesso dei dieci antichi rotoli che contengono la saggezza necessaria per migliorare la sua vita.

Da questo capolavoro imparerete a trasformare la vostra vita applicando i preziosi segreti che scoprirete negli antichi rotoli.